나만 알고 싶은 미래 직업

나만 알고 싶은 미래 직업

초판 1쇄 발행 2019년 12월 2일
초판 3쇄 발행 2022년 5월 6일

글 양서윤
그림 김윤정

펴낸곳 도서출판 개암나무(주)
펴낸이 김보경
경영관리 총괄 김수현 **경영관리** 배정은
편집 조원선 서진 **디자인** 김효정 **마케팅** 신종연
출판등록 2006년 6월 16일 제22-2944호

주소 서울특별시 용산구 한남대로40길 19, 4층(한남동, JD빌딩) (우)04417
전화 (02)6254-0601, 6207-0603 **팩스** (02)6254-0602 **E-mail** gaeam@gaeamnamu.co.kr
개암나무 블로그 http://blog.naver.com/gaeamnamu **개암나무 카페** http://cafe.naver.com/gaeam

ⓒ 양서윤, 김윤정, 2019
이 책의 저작권은 저자에게 있습니다. 저자와 출판사의 허락 없이 내용의 일부를 인용하거나 발췌하는 것을 금합니다.

ISBN 978-89-6830-556-6 73300

이 도서의 국립중앙도서관 출판시도서목록(CIP)은 서지정보유통지원시스템 홈페이지(http://seoji.nl.go.kr)와
국가자료공동목록시스템(http://www.nl.go.kr/kolisnet)에서 이용하실 수 있습니다.
(CIP제어번호: CIP2019041170)

품명 아동 도서 | **제조년월** 2022년 5월 6일 | **사용연령** 11세 이상
제조자명 개암나무(주) | **제조국명** 대한민국 | **전화번호** 02-6254-0601
주소 서울특별시 용산구 한남대로40길 19, 4층(한남동, JD빌딩)

나만 알고 싶은 미래 직업

양서윤 글 김윤정 그림

개암나무

진짜보다 더 진짜 같은 세상을 만드는 **가상 현실 디자이너**	● 10
사라진 자연을 되살리는 **생태 복원 전문가**	● 16
새로운 소재로 개성 넘치는 옷을 만드는 **3D 프린터 패션 디자이너**	● 22
몸에 착용하는 로봇을 연구하는 **웨어러블 로봇 공학자**	● 28
신혼여행은 우주로! **우주여행 가이드**	● 34
건강하고 안전한 음식을 만드는 **푸드 테크 전문가**	● 40
달리면서 충전하는 배터리를 만드는 **전기 자동차 충전 전문가**	● 46
스마트 팜을 운영하는 **사이버 농부**	● 52
사이버 정보를 안전하게 지키는 **인공 지능 사이버 보안 전문가**	● 60
고령화 시대를 책임지는 **실버 케어 로봇 전문가**	● 68
사라진 역사 속 문화재를 되살리는 **디지털 문화재 관리사**	● 74
불치병을 고쳐 주는 **크리스퍼 유전자 가위 과학자**	● 80
자유자재로 몸이 변하는 **소프트 로봇 개발자**	● 86

환경과 건강에 이로운 음식을 만드는 **곤충 요리 연구가**	● 92
버려진 것들에 생명을 불어넣는 **바이오매스 에너지 전문가**	● 98
죽을 권리를 지켜 주는 **존엄사 관리 전문가**	● 106
우주를 안전하고 깨끗하게 관리하는 **우주 쓰레기 관리인**	● 112
로봇과 함께 사는 사회에 꼭 필요한 **기술 윤리 변호사**	● 118
스스로 운전하는 자동차를 만드는 **자율 주행 자동차 엔지니어**	● 124
생각으로 로봇을 움직이는 **뇌-컴퓨터 연결 과학자**	● 130

미래를 상상하며 꿈을 키워요!

"넌 꿈이 뭐야?"

어릴 땐 이 질문에 자신 있게 대답하지 못했어요. 이 세상에 어떤 직업이 있는지, 제가 뭘 좋아하는지 잘 몰랐기 때문이죠. 누군가에게 여러 직업에 대해 물어보고 싶었지만 어떤 이를 찾아가야 할지 감이 잡히지 않았어요.

오늘날은 빛처럼 빠른 속도로 과학이 발전하는 4차 산업 혁명 시대예요. 가상 현실, 인공 지능 같은 첨단 기술이 우리 일상에 스며들었어요. 사람들은 인공 지능이 우리의 일자리를 빼앗는다고 걱정해요. 지금과는 다른 새로운 일자리가 생길 거라고도 말하지요. 하지만 시대가 점점 더 빠르게 변하니 미래에 생길 새 직업을 떠올리기가 쉽지 않아요.

사람들은 증기 기관으로 산업 혁명이 일어났을 때도 똑같이 걱정했답니다. 여러분은 기술이 발달하며 사라진 직업도 있지만 더 많은 직업

이 탄생했다는 사실을 알고 있나요? 산업 혁명으로 전기가 생기자 가스등을 켜고 끄는 가스등 관리사가 사라졌어요. 자동차가 생기자 마차를 끄는 마부도 사라졌지요. 하지만 가스등 관리사 대신 전등을 만드는 사람이 더 많이 생겼고, 마부를 대신한 자동차 운전사는 아직까지도 활동하지요. 그뿐만 아니라 전기나 자동차와 관련한 다양한 직업들이 생겼어요.

이처럼 다가오는 미래에는 많은 직업이 사라지고, 많은 직업이 새로 생길 거예요. 앞으로 어떤 직업이 새로 생길까요? 우리는 4차 산업 혁명 시대를 맞아 미래를 위해 어떤 준비를 해야 할까요? 이 책에는 가까운 미래에 상용화될 20가지 직업과 그 직업을 갖고 있는 사람의 하루 일과를 현재의 과학 기술 발달에 기반하여 가상으로 구성했어요. 이 인물들은 2019년에는 여러분 같은 초등학생이었지요. 이들이 어떤 준비를 하여 직업을 갖게 되었는지 살펴보면 여러분이 어떻게 진로를 준비해야 할지 길이 보일 거예요.

이 책을 통해 여러분이 꿈에 꼭 맞는 직업을 찾아 조금씩 나아가길 바랍니다. 차근차근 준비하며 꿈을 키워 간다면 누구나 미래의 주인공이 될 수 있답니다.

양서윤

| 추천사 |

한발 먼저 4차 산업 혁명 시대를 준비해요

30년 전, 스마트폰이 필수품이 된 지금의 사회를 예측한 사람은 많지 않았습니다. 하지만 인류는 상상하던 기술을 현실로 만들기 위해 꾸준히 노력했고, 결국 꿈을 이뤄 왔습니다. 4차 산업 혁명이 진행 중인 지금, 특정 분야에서는 이미 인공 지능이 인간의 능력을 뛰어넘고 있으니, 인간의 지능을 넘어서는 인공 지능이 머지않아 보편화될 것이란 예측은 무리가 아닙니다. 인공 지능과 인간이 함께 생활하는 미래는 지금과 매우 다를 것입니다. 그렇다면 현재와 다른 미래에 우리는 어떤 일을 하며 살게 될까요?

저는 어린 시절부터 막연히 로봇 공학자를 꿈꾸었습니다. 그 시절에 로봇은 그저 지치지 않고 잘 움직이는 기계 정도였지요. 인공 지능은 상상도 할 수 없던 시대였어요. 그렇기에 로봇 공학자가 되기 위해서 어떤 준비를 하고 무엇을 공부해야 하는지 잘 몰랐지요. 대학교에 입학해 로봇과 지능 알고리즘을 배우며 로봇에 더욱 빠져들었습니다. 하지만 코딩 실력이 부족해 애를 먹기도 했습니다. 로봇 공학을 연구하려면 어떠한 능력이 필요한지 뒤늦게 깨달았지요. 만약 조금 더 일찍 알았더라면 더 쉽고 빠르게 로봇을 만들었을 것입니다.

　한발 일찍 미래를 그리고 준비한다면 누구나 자신의 꿈을 더 쉽게 이룰 수 있습니다. 이 책에는 여러 가지 미래 유망 직업이 수록되어 있습니다. 내 꿈을 이루려면 무엇을 어떻게 준비해야 하는지 구체적으로 알 수 있지요. 또한 웨어러블 로봇, 소프트 로봇 등 지금보다 더욱 발전한 기술로 로봇을 만드는 직업은 물론이고, 3D 프린터 패션 디자이너, 존엄사 관리 전문가같이 지금은 존재하지 않지만 미래에 유망할 새로운 직업을 소개하고 있어 여러분이 더 큰 꿈을 키울 수 있도록 도와줍니다. 이 책을 통해 다양한 미래 직업을 경험하고, 남들보다 한발 먼저 4차 산업 혁명 시대를 준비하여 꿈을 이루길 바랍니다.

서울과학기술대학교 정보통신대학 컴퓨터공학과 교수　한지형

진짜보다 더 진짜 같은 세상을 만드는
가상 현실 디자이너

관련 학문 전자 공학, 정보 통신 공학, 전파 통신 공학, 컴퓨터 공학, 컴퓨터 소프트웨어, 컴퓨터 그래픽 등

가상 현실이란?

가상 현실(Virtual Reality)은 컴퓨터를 이용하여 어떤 상황을 현실처럼 만든 세계를 말해요. 특수 안경이나 데이터 글러브* 등을 착용하면 컴퓨터가 만든 가상 세계에서 보고, 듣고, 만지는 등 실제와 같은 체험을 할 수 있지요. 가상 현실은 장소, 시간, 환경에 구애받지 않고 평소 경험하기 어려웠던 것을 체험할 수 있도록 도와줍니다. 위험한 지진, 화재, 홍수 등 재난 상황에 대비해 대피 연습도 할 수 있어요. 전쟁 상황은 물론, 누군가의 희생 없이 수술도 훈련할 수 있습니다. TV에서만 보던 먼 우주를 둘러볼 수도 있지요. 체험자는 가상 현실을 몸으로 직접 체험할 수 있기 때문에 매우 사실적으로 느낍니다. 또한 책이나 영상보다 몰입도가 훨씬 높아서 기억에 오래 남습니다.

데이터 글러브
마우스 같은 장치로, 글러브 안에 센서가 있어 손에 착용하고 움직이면 컴퓨터상에 손의 움직임이 그대로 나타나요. 주로 가상 현실에서 물체를 들어 올리거나 이동시킬 때 사용해요.

가상 현실 디자이너가 하는 일

사용자가 원하는 환경을 분석하여 실제와 똑같은 가상 공간을 만들어요.

그러기 위해서는 사용자가 원하는 가상 세계를 정확하게 파악해야 합니다. 그다음 3차원 컴퓨터 그래픽 기술로 가상 현실을 만듭니다. 이때 시각, 청각, 후각, 촉각 등 온몸의 감각을 활용하도록 설계하지요. 마지막으로 사용자가 실제처럼 느낄 수 있도록 가상 현실 시스템을 세세하게 디자인합니다.

　가상 현실 디자이너는 가상 세계를 종합적으로 분석할 줄 알아야 하고, 공간 지각력이 있어야 합니다. 또한 여러 사람들과 의견을 조율하고 협력할 줄 알아야 합니다. 예를 들어 화성을 가상 현실로 만들려면 우주 공학자, 천문학자, 지질학자는 물론 실제로 우주에 다녀온 우주 비행사 등과 함께 일해야 하니까요. 물론 직접 보지 못한 곳을 가상 공간으로 완성하려면 상상력도 필수입니다. 또한 현실과 최대한 비슷한 가상 현실을 만들기 위해 끊임없이 테스트하고 오류를 수정하는 인내심도 필요하지요.

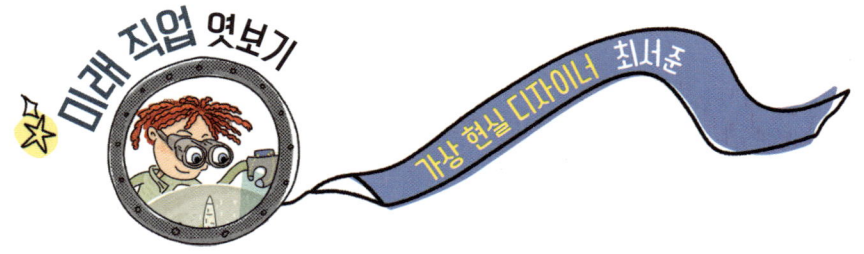

미래 직업 엿보기 - 가상 현실 디자이너 최서준

"김민호 선수, 수비수를 제치고 달려오는 공격수를 막아섭니다. 상대 공격수, 여기서 바나나 킥을 날리는데요! 슛, 김민호 선수 선방입니다. 한국 대표팀이 브라질 대표팀을 상대로 여전히 두 골 차로 앞서고 있습니다."

제가 축구장에 있냐고요? 아니에요, 여기는 병원이랍니다. 전기 장치가 달린 헬멧과 디지털 글러브를 착용하고 가상 현실에서 축구를 하고 있는 저 아이는 김민호, 현재 암세포와 싸우고 있지요.

저는 민호의 외삼촌이자 가상 현실 디자이너 최서준입니다. 민호는 지금 줄기세포 배양 시술과 항암 치료를 받느라 힘들어하고 있어요. 독한 약 때문에 기침을 심하게 하고 잘 걷지도 못해요. 저는 민호가 가상 현실에서나마 꿈을 이룰 수 있도록 도와주고 있어요. 저기 홀로그램에 보이는 튼튼한 축구 선수가 바로 민호랍니다. 어때요, 현실과 다르죠?

민호는 가상 현실 프로그램으로 건강한 생활을 체험하고, 치료를 받으면 운동장을 누빌 수 있다는 희망을 키웁니다. 그 때문인지 요즘은 힘든

항암 치료도 견뎌 내려고 애쓰네요.

초등학교 3학년 때 우리 반에는 몸이 약한 친구가 있었어요. 그 친구는 체육 시간이면 늘 혼자 앉아 있었어요. 축구를 좋아해서 국내의 축구 선수 이름과 기록을 줄줄 외웠지만 단 한 번도 운동장에서 뛰지 못했지요. 딱 한 번만 친구들과 축구를 해 보고 싶다고 말했던 그 친구는 어느 날, 골키퍼로 잠시 경기에 출전했다 쓰러졌어요. 저는 그 친구처럼 몸이 약한 아이들의 아픔을 덜어 주고 싶었어요. 그래서 세상에서 가장 실감 나는 가상 현실을 만들기로 마음먹고 열심히 공부했지요. 그 결과 가상 현실 디자이너가 되어 소아암에 걸린 조카에게 가상 현실 축구 프로그램을 선물할 수 있었어요. 또 장애를 가진 아이들이 자신이 원하는 모습을 체험을 할 수 있도록 도와주지요.

민호가 쓰고 있는 헬멧은 오감을 자극해요. 눈앞에 진짜 축구장을 보여 주고, 관중의 함성과 다른 선수의 숨소리를 들려줘요. 심지어 냄새도 나고, 헤딩을 하거나 상대방과 충돌하면 머리에 충격도 느껴져요. 물론 건강을 해칠 정도의 충격은 아니니 걱정 마세요.

디지털 글러브는 손에 압력과 자극을 줘요. 골키퍼로 뛴다면 진짜 공을 잡은 것 같은 느낌이 나지요. 민호의 몸 중간중간에 붙은 전기 자극기는 압력을 조절해 근육을 수축시켜 진짜 운동장에서 뛰는 감각을 경험하게 합니다.

이 가상 현실 축구 프로그램에서 가장 자랑하고 싶은 건 축구 스타들과 함께 경기한다는 거예요. 축구 황제 펠레, 마라도나를 비롯하여 월드컵에서 활약한 호날두, 지단, 박지성, 손흥민, 베켄바워, 베컴, 메시 등 각기 다른 시대에 활약한 선수들과 함께 운동장을 누빌 수 있어요. 컴퓨터에 각 선수의 신체 사항과 모든 경기 영상을 입력하니 인공 지능이 선수들의 전성기 때 몸 상태를 그대로 재현해 주었지요. 민호가 어려서부터 꿈에 그리던 일이에요. 어어, 민호가 공을 빼앗겼네요! 제 응원이 필요하겠어요. 김민호, 파이팅!

사라진 자연을 되살리는
생태 복원 전문가

관련 학문 동물학, 식물학, 환경 공학, 조경학, 토양학, 종자학, 미생물학 등

생태 복원이란?

지구의 자연은 산업화와 무분별한 개발로 파괴되고 있습니다. 울창하던 아마존 삼림이 벌거숭이가 되었고, 하천이 오염되어 물고기가 사라졌고, 서식지가 줄어들어 호랑이와 오랑우탄이 멸종 위기에 몰렸지요. 이처럼 망가지고 사라진 자연을 다시 예전 모습으로 되돌리는 일이 생태 복원이에요.

생태 복원이 이뤄지면 도시의 버려진 공장과 건물은 동물과 식물이 가득한 삼림으로 재탄생합니다. 전 세계에서 멸종되었던 동식물들이 살아나고 지구촌 생태계에 다시 활력이 생기지요. 생태 복원은 인류를 위해서도 꼭 필요해요. 사람들은 자연과 함께하는 생활을 통해 더욱 건강해지지요.

생태 복원 전문가가 하는 일

생태 복원 전문가는 자연환경을 보전하고, 생물의 서식지를 원래 상태로 되돌리기 위해 조사하고, 계획을 세우고, 설계를 합니다.

산업화로 터전을 잃은 생물들에게 새로운 서식 공간을 마련해 주기 위해서는 많은 준비가 필요합니다. 무조건 나무를 심는 것이 아니라 주변의 독성

을 제거하고 함께 살아갈 동물도 데려올 필요가 있어요.

지구 전체의 멸종 동식물을 다시 번식하게 하려면 한 나라가 아닌 전 세계가 어떤 환경을 만들어 갈지 종합적으로 고려해야 하지요. 이를 위해서는 인간과 자연의 문화와 특징을 잘 이해하고, 자연을 사랑해야 해요.

미래 직업 엿보기 — 생태 복원 전문가 박관우

"할머니, 방금 천연기념물 두루미 떼가 날아갔어요."

"그래, 이제 이 할미가 죽어도 소원이 없구나."

"할머니, 오래오래 사셔서 두루미가 온 세상을 나는 모습도 보셔야지요!"

"그래, 너라면 두루미가 온 하늘을 날게 할 거다. 그렇고 말고."

저는 생태 복원 전문가 박관우예요. 습지와 산림으로 푸르기만 한 이곳은 원래 폐광 지대였어요. 버려진 광산과 도로 때문에 흉한 모습이었죠. 특히 광산을 만들 때 자연을 마구 훼손하는 바람에 곳곳이 사막처럼 황폐했어요.

초등학생 때는 방학마다 외갓집이 있는 이곳에 놀러 왔는데, 할머니는 위험하다며 밖에서 놀지 못하게 하셨어요. 그러고는 입버릇처럼 "옛날에는 두루미가 온 하늘을 날아다녔는데……." 하며 사라진 두루미를 그리워하셨지요. 광산이 들어서기 전에는 두루미가 살던 청정 지역이었지만, 광산 개발 이후에는 두루미가 사라지고, 마을 사람들이 자꾸 병들었대요.

갑작스럽게 할아버지가 돌아가시자 할머니는 두루미 얘기를 더 자주 하셨어요. 저는 할머니에게 두루미를 다시 보여 드리고 싶었어요. 천연기념물인 두루미는 당시 전 세계에 몇 천 마리밖에 남아 있지 않았어요. 두루미는 깨끗한 환경에서 자라기 때문에 두루미를 되돌아오게 하려면 자연환경을 복원해야 했죠.

생태계는 동식물은 물론이고 땅속과 물속의 미생물, 돌과 흙 같은 무생물까지 서로 영향을 주고받아요. 단순히 나무를 많이 심는다고 될 일이 아니었죠. 저는 대학에서 조경과 생물학을 전공하며 폐광 지대를 되살릴 계획을 세웠어요. 그리고 열심히 노력한 끝에 자연적 또는 인위적으로 훼손된 동식물의 서식 환경을 되살리는 생태 복원 전문가가 되었지요.

자연을 망가트리긴 쉽지만, 되살리기는 어려워요. 많은 예산과 시간이 필요하지요. 저는 시민 단체와 협력하여 폐광 시설을 들어냈어요. 도로에 깔린 시멘트도 걷어 내고, 오염 물질이 쌓인 강바닥의 흙도 없앴지요.

아무리 동물을 데려와도, 환경이 오염되어 있으면 적응하지 못하고 죽고 말아요. 저는 자연이 복원되면 동물들이 저절로 되돌아올 거라고 믿었죠. 화학 물질과 독성으로 가득 찬 땅과 물을 청소하자 예상대로 생물이 서서히 늘어났어요. 버들치, 열목어, 산천어 같은 1급수에 사는 물고기가 강으로 돌아왔고, 먹이가 풍부해지자 황조롱이와 참매도 둥지를 틀었지요. 시간이 갈수록 더 많은 동물들이 서식하기 시작했고, 작년부터는 시베리아의 두루미가 이곳을 찾기 시작했어요. 러시아의 추위를 피해 이곳에서 겨울을 나고 되돌아가지요.

　자연과 공존하지 않고 개발만 하면 지구 전체가 병들어 아무도 살 수 없는 공간이 돼요. 다행히 많은 사람들이 환경 오염에 대한 위기 의식을 느끼고, 자연의 중요성을 인식하면서 자연을 되살리는 일이 나날이 주목받고 있어요.

"관우야, 네가 5학년 때 두루미가 돌아오게 하겠다고 한 말을 나는 장난이라고 생각했다."

"에이, 할머니, 절 못 믿으셨어요?"

"꼬마의 꿈으로만 생각했지. 하지만 이렇게 이뤄 주다니 너무 고맙구나."

"저만 믿으세요, 한반도에서 호랑이를 만날 날도 머지않았어요."

새로운 소재로 개성 넘치는 옷을 만드는
3D 프린터 패션 디자이너

관련 학문 패션 디자인, 컴퓨터 그래픽, 금속 공학, 섬유 공학 등

3D 프린터 패션이란?

3D란 3차원, 즉 종이와 같은 평평한 면에 높이까지 있는 입체적인 사물을 말해요. 3D 프린터는 3차원의 사물을 출력해 주는 기계지요. 2D 프린터가 종이에 내용을 인쇄하는 것과 다르게, 입체적인 사물을 직접 인쇄하는 기계예요. 3D 프린터 패션이란 3D 프린터를 이용하여 만든 옷, 액세서리를 말해요. 3D 프린터를 이용하면 적은 비용으로 자신만을 위한 맞춤 옷과 액세서리를 손쉽게 만들 수 있지요. 또한 새로운 소재로 옷을 만들 수 있고 팔리지 않는 옷을 새로운 옷의 재료로 재활용할 수 있기 때문에 환경 친화적이고 경제적이지요.

3D 프린터 패션 디자이너가 하는 일

3D 프린터 패션 디자이너는 세상에 단 하나밖에 없는 특별한 옷을 만들어요. 남들보다 팔이 유난히 길어 맞는 옷이 없는 고객에게 딱 맞는 사이즈로 옷을 만들어 주는 식이지요. 3D 프린터를 가지고 있는 고객이라면 직접 디자이너를 찾아올 필요도 없어요. 신체 치수와 원하는 디자인을 말하면 3D 프린

터 패션 디자이너가 도면을 만들어 보낼 테니까요. 고객은 그 도면을 3D 프린터에서 출력하면 되지요.

   3D 프린터 패션 디자이너는 3D 모델링 도구를 다룰 줄 알아야 합니다. 컴퓨터 그래픽과 컴퓨터 비전*을 공부해야 하죠. 또한 섬유, 플라스틱, 금속, 고무 등 여러 재료를 활용해 옷을 만들 수 있기 때문에 재료의 특성에 대해 잘 알아야 합니다. 가장 중요한 것은 패션 디자인에 대한 지식입니다. 아무리 잘 맞아도 옷이 촌스럽다면 사는 사람이 없겠지요?

컴퓨터 비전 인간의 시각이 하는 일을 자동화하기 위해 디지털 이미지 또는 비디오에서 높은 수준의 정보를 얻도록 하는 컴퓨터 과학의 응용 분야.

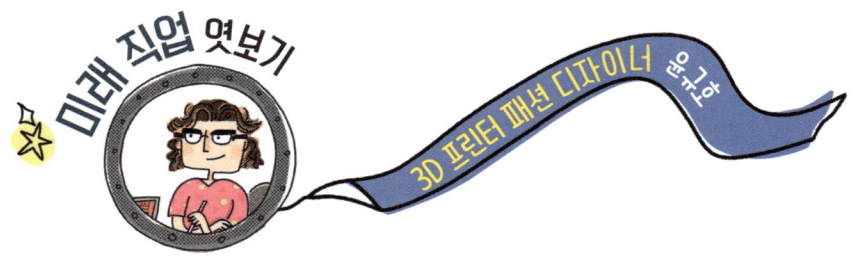

미래 직업 엿보기 — 3D 프린터 패션 디자이너 윤규호

제 옷이 독특하다고요? 이 옷은 방금 3D 프린터로 완성한 날개 달린 천사 의상이에요. 보다시피 이 단단한 날개는 폈다 접을 수도 있어요. 내일 있을 핼러윈 파티를 위해 특별히 제작한 의상이지요.

저는 3D 프린터 패션 디자이너 윤규호예요. 저는 사실 패션보다 컴퓨터에 관심이 많았어요. 5학년 생일에 부모님께서 컴퓨터를 좋아하는 저를 위해 3D 프린터를 선물로 사 주셨어요. 그 시절에는 컴퓨터에 있는 내용을 종이에 잉크로 인쇄하는 2D 프린터를 주로 사용했기에, 사물을 출력하는 3D 프린터는 신기한 제품이었죠. 저는 3D 프린터로 좋아하는 장난감을 만드는 재미에 푹 빠졌어요. 스타워즈

미니 피규어와 배트맨의 박쥐 문양 피규어를 만들어 방문에 달아 놓곤 했지요.

그러던 어느 날, 누나의 생일이었는데 깜박 잊고 선물을 준비하지 못했어요. 용돈도 다 써 버린 상태라 3D 프린터로 팔찌를 만들어 줬죠. 누나의 이름을 새긴 팔찌였는데, 의외로 누나가 너무 좋아했어요. 학교에서 그 팔찌가 폭발적인 인기를 끌어서, 누나 친구들이 팔찌를 만들어 달라고 우리 집에 몰려오기도 했지요.

누나 친구들은 각자 이름을 새겨 달라고 하거나 원하는 무늬와 색깔을 지정했어요. 저는 최대한 비슷하게 만들어 줬고, 누나 친구들은 세상에 단 하나밖에 없는 특별한 액세서리에 열광했어요. 그 모습을 보니 저도 무척 즐거웠지요. 그래서 3D 프린터로 액세서리, 머리핀, 모자 등을 만들어 자주 선물하며 3D 프린터 패션 디자이너가 되는 꿈을 키웠어요.

저는 대학에서 3D 디자인을 전공하고 지금은 3D 프린터 패션 디자이너로 5년 넘게 활동하고 있어요. 제 이름을 건 'Y STYLE'이라는 브랜드는 미국과 캐나다는 물론 브라질, 케냐 등 세계 여러 나라에 알려졌어요.

사람들은 남들과 다른 옷을 입고 싶어 해요.

거리에서 똑같은 옷을 입은 사람과 마주치면 부끄러워하지요. 사람마다 체형이 다른데 기성복은 평균 체형에 맞게 제작돼요. 소비자는 자신의 몸에 잘 맞지 않아도 그냥 입어야 하죠. 하지만 3D 프린터로 만든 옷은 달라요. 내 체형에 딱 맞고, 나만의 개성을 담았어요. 집에 3D 프린터가 있다면 쇼핑하러 갈 필요도 없어요. 원하는 취향을 알려 주면 제가 그에

맞게 디자인을 해서 디자인 파일을 소비자에게 보내요. 소비자는 갖고 있는 3D 프린터에서 자신의 옷을 출력하면 됩니다. 아주 간단하지요?

옷이 싫증 나도 걱정하지 마세요. 3D 프린터 옷은 재활용이 가능해요. 옷을 다시 재료통에 넣고 다른 디자인의 옷을 출력하면 돼요. 제가 지금 입고 있는 천사 날개 옷도 여름에 입던 하얀 레인 코트를 재활용한 거예요. 어때요, 멋지죠? 예전에는 유행이 지난 옷이 버려져 지구를 오염시켰어요. 하지만 3D 프린터로 만든 옷은 그럴 염려가 없어요. 또 섬유 외에 다양한 소재로 옷을 만들 수 있어요.

앗! 파티 시간이 다 됐어요. 1층에 자율 주행 자동차가 도착했네요. 친구들은 어떤 옷을 입고 올지 궁금해요. 이제 파티장으로 출발해 볼까요?

몸에 착용하는 로봇을 연구하는
웨어러블 로봇 공학자

관련 학문 컴퓨터 공학, 기계 공학, 전자 공학, 의학, 산업 디자인, 심리학 등

웨어러블 로봇이란?

영화 〈아이언맨〉에서 아이언맨은 강력한 슈트를 입고 하늘을 날아다니며 악당과 멋지게 싸웁니다. 아이언맨의 슈트가 바로 웨어러블 로봇이에요. 웨어러블은 '입을 수 있는'이라는 뜻이에요. 즉, 웨어러블 로봇은 티셔츠나 바지처럼 입을 수 있는 로봇이라는 뜻이지요.

웨어러블 로봇은 인간의 신체 능력을 한층 높여 줍니다. 사고로 팔을 잃은 사람에게는 손이 되고, 기력이 약해져 혼자 걷기 힘든 사람에게는 다리가 되지요. 웨어러블 로봇의 도움을 받으면 위험한 산업 현장이나 화재 현장에서 훨씬 안전하게 일할 수 있어요.

웨어러블 로봇은 강한 힘과 압력을 이겨 낼 만큼 단단하며, 사람이 착용해야 하기 때문에 편안하고, 가볍고, 안전합니다.

웨어러블 로봇 공학자가 하는 일

웨어러블 로봇 공학자는 로봇의 몸체인 하드웨어와 여러 기능을 수행하는 프로그램인 소프트웨어를 개발하는 일을 합니다. 또한 신체에 장치 일부를 이식해야 하기 때문에 의학 분야도 연구하지요. 웨어러블 로봇은 다양한 분야의 기술이 집약되었기 때문에 로봇 공학자 혼자서는 만들 수 없습니다. 경험을 가진 연구원들과 서로 의견을 나누고 배우며 존중하는 자세를 갖추어야 하지요.

미래 직업 엿보기 — 웨어러블 로봇 공학자 홍예원

"멍멍."

"잘했어, 스마티. 한강을 따라 30분이나 뛰었으니 잠깐 쉬자."

아침부터 스마티와 조깅을 하니 힘드네요. 스마티의 한쪽 다리가 이상하다고요? 스마티는 왼쪽 다리에 로봇을 입었습니다. 몇 달 전 사고를 당해 왼쪽 다리를 잃었거든요. 산책을 가장 좋아하는 스마티가 더 이상 걷지 못한다니……. 상상하기도 싫었지요. 그래서 스마티에게 웨어러블 로봇을 선물했어요. 원래 다리와 똑같이 생긴 웨어러블 로봇 덕분에 스마티는 이전처럼 달리고, 뛰어오르고, 구르는 등 자유자재로 움직이지요.

저는 웨어러블 로봇 공학자 홍예원입니다. 제가 가장 좋아하는 영화는 〈아이언맨〉이에요. 초등학생 때 처음 〈아이언맨〉을 보고 반해 슈트를 입고 하늘을 날아다니고, 악당을 물리치는 아이언맨처럼 강해지고 싶었죠.

제가 어릴 때는 웨어러블 로봇이 많지 않았어요. 시계처럼 손목에 착용하면 운동량과 수면 시간 정도를 체크해 주는 팔찌나 스마트폰 역할을 하는 손목 시계 정도가 다였지요. 가상 현실을 보여 주는 VR 안경은 신

기한 웨어러블 기기였지만 아이언맨의 슈트와는 거리가 멀었죠. 그래서 직접 나만의 슈트를 만들기로 결심했어요.

저는 꿈을 이루기 위해 로봇에 관해 열심히 공부했어요. 대학과 대학원에 진학해서 기계 공학을 배우며 진짜 로봇을 만들기 시작했지요.

대학원에서 직접 공부해 보니 웨어러블 로봇의 역할은 정말 다양했어요. 저는 특히 거동이 불편한 장애인을 돕는 로봇에 관심이 생겼어요. 웨어러블 로봇은 인간의 몸무게를 지탱하며, 인공 지능으로 동작의 의도를 알아채서 자연스럽게 이동하도록 돕지요. 뺑소니 사고를 당해 하반신이 마비된 사람도 웨어러블 로봇만 있으면 다시 걸을 수 있어요. 등산하던 중 동상에 걸려 한쪽 다리를 잃은 댄서도 웨어러블 로봇 덕분에 다시 춤

출 수 있답니다.

　그뿐만 아니라 재난 현장을 비롯한 건설, 의료, 산업 등 여러 분야에 도움이 돼요. 제가 초등학교에 다닐 때만 해도 소방관은 약 40kg이 넘는 장비를 짊어지고 화재 현장에 출동했어요. 지금은 소방관 전용 웨어러블 로봇이 장비를 대신 들기 때문에 소방관들은 인명 구조에 더 집중합니다.

　노인을 위한 웨어러블 로봇도 점점 증가하고 있어요. 허리가 아픈 노인

들이 웨어러블 로봇을 착용하면 통증 없이 생활할 수 있어요. 무릎이 아플 때 지팡이를 짚는 대신 웨어러블 로봇을 무릎에 착용하면 등산도 거뜬하죠. 눈이 침침하면 로봇 안경, 귀가 어두우면 로봇 이어폰의 도움을 받아 젊은이처럼 자유롭게 활동한답니다.

사람뿐 아니라 불의의 사고를 당한 반려동물을 위한 웨어러블 로봇도 널리 퍼지고 있어요. 꼬리가 잘린 고양이를 위한 꼬리 로봇도 있지요.

"멍멍멍."

이런, 스마티가 또 달리고 싶어 해요. 자기 다리처럼 편한 로봇 다리 덕분에 마음껏 뛰게 돼서 기쁜가 봐요. 그럼 전 이만 스마티와 조깅하러 가 볼게요!

"가자, 스마티!"

신혼여행은 우주로!
우주여행 가이드

관련 학문 항공 관광학, 일반 관광학, 호텔 경영학, 심리학, 우주 공학 등

우주여행이란?

보통 우주는 국가가 주도하여 개발해요. 그래서 국가 연구에 참여하는 연구자만 우주에 갈 수 있습니다. 이와 달리 우주여행은 개인이 자비를 들여 우주선을 타고 우주에 다녀오는 거예요. 최초로 우주여행을 한 사람은 미국의 백만장자 데니스 티토예요. 그는 러시아 항공 우주국이 모집한 일반인 우주여행에 2000만 달러, 한화 약 230억 원을 내고 참여했어요. 그는 6일간 국제 우주 정거장에 머물다가 지구로 돌아왔지요. 그 이후로도 일반인 6명이 우주를 방문했어요. 엄청난 금액 때문에 많은 사람들이 우주여행을 경험해 보지는 못했지만, 기술이 발전할수록 금액이 낮아지고, 보편화될 거예요. 지금도 많은 기업들이 우주여행 상품을 앞다투어 출시하고 있답니다.

우주여행 가이드가 하는 일

해외여행을 가면 그 나라에 대해 안내하는 여행 가이드가 있어요. 이와 마찬가지로 우주여행 가이드는 여행자가 낯설고 위험한 공간인 우주를 편안하고 안전하게 여행하도록 돕는 직업이에요.

우주는 지구와 달리 무중력 공간이기 때문에 음식을 먹는 법, 화장실을 사용하거나 샤워하는 법이 완전히 달라요. 혹시라도 안전 수칙을 어기면 우주선이 고장 나 큰 위험에 빠지므로 가이드의 안내에 따라야 해요.

우주여행 가이드는 우주선을 조종할 줄 알아야 하고 우주 환경에 대한 지식이 필요해요. 이를 바탕으로 우주 호텔에 머무는 여행객에게 안전하고 편안한 서비스를 제공하지요. 또 우주여행 가이드는 우주인과 마찬가지로 탐사 준비 훈련, 무중력 훈련을 받아야 해요.

미래 직업 엿보기 — 우주여행 가이드 양소은

"집현전 우주 정거장, 방금 나로 우주 센터에서 웨딩 3호가 발사되었다. 약 15분 후 우주 정거장에 도착한다."

"알았다. 우주선 착륙 준비 완료."

저는 우주 정거장에 살고 있는 우주여행 가이드 양소은입니다. 곧 한국의 나로 우주 센터에서 한 신혼부부가 도착할 거예요. 예전에는 우주가 몇몇 소수 과학자들의 공간이었지요. 하지만 한 번 사용한 우주선을 재활용할 수 있게 되어 우주여행 비용이 급격히 낮아져 요즘은 일반인도 신혼여행 같은 특별한 기념일에 우주로 여행을 온답니다. 우주에서 보는 달과 지구는 말로 다 표현하기 어려울 정도로 신비롭지요.

우주는 아름다운 만큼 위험해요. 지구와 달리 무중력 상태이기 때문이지요. 그래서 우주에 오기 전 지구에서 여러 훈련을 받아요. 우주에 도착해서도 저 같은 가이드의 안내를 받아야 하지요.

우주에서 생활하는 것은 생각보다 어려워요. 식사, 화장실 사용 등 지구에서는 평범한 일이 우주에서는 엄격한 규칙에 따라 이루어져야 해요.

무중력 상태에서는 모든 물건이 공중에 떠다녀요. 만약 물을 먹다 쏟으면 물방울이 우주선 안을 날아다니다 기계를 고장 낼 수 있답니다. 따라서 음식을 통에 넣고 빨대로 먹는 방법이 가장 편해요.

　화장실은 좀 더 특별합니다. 일반적인 변기를 사용하면 우주선 안이 엉망진창이 되겠지요? 우주 화장실에는 긴 호스가 있어요. 이 호스가 진공청소기 역할을 해요. 소변과 대변을 따로 처리하고, 소변은 재사용할 수 있도록 걸러 주지요. 깨끗하게 정수된 물은 식수로 사용해요. 또한 물은 산소와 수소로 되어 있어 우주선 안에 산소를 공급할 때 쓰이기도 하죠. 우주에서는 물자가 귀하기 때문에 뭐든 아껴서 재활용한답니다.

　우주에서는 물방울이 흩날려서 제대로 샤워하기가 힘들어요. 그래서 수건을 물에 적셔 온몸을 닦죠. 찝찝해도 우주에서는 어쩔 수 없어요.

저는 초등학생 때 우주 비행사를 꿈꾸었어요. 열심히 노력해 대학에 진학한 후 우주 비행사가 되기 위해 여러 가지 훈련을 받았지요. 그런데 막상 우주에 도착하니 무중력 상태에서 일상생활을 하기가 무척 힘들었어요. 우주에 와서 화장실을 처음 사용한 날, 너무 당황해 누군가에게 도움을 청하고 싶었지만 부끄러워서 그럴 수 없었지요. 시간이 흘러 저는 우주 생활에 익숙해졌지만 종종 불편을 겪는 우주여행자를 만났어요. 저의 옛날 모습이 떠올라 그분들을 돕고 싶었지요. 그래서 우주여행 가이드를 하기로 마음먹었어요.

"웨딩 3호 근접. 착륙 대기 중."

"준비 완료. 언제든 착륙해도 좋다."

드디어 신혼부부가 도착했어요. 이 아름다운 우주에서의 추억을 영원히 기억하도록 제가 힘껏 도울 차례예요.

"환영합니다. 두 분은 무사히 우주에 도착하셨어요. 저는 여러분의 우주여행 가이드 양소은입니다."

"너무 어지러워 토할 것 같아요."

"중력을 뚫고 오면서 생길 수 있는 당연한 현상입니다. 잠시 안정을 취하면 괜찮아질 거예요. 자, 이제 즐거운 우주여행을 시작해 볼까요?"

건강하고 안전한 음식을 만드는
푸드 테크 전문가

관련 학문 식품 영양학, 생물학, 유전 공학, 화학 공학 등

푸드 테크란?

우리는 논과 밭에서 키운 곡물과 채소, 가축에게서 나온 고기를 주로 먹습니다. 땅과 자연에서 만든 음식이죠. 푸드 테크는 음식을 뜻하는 영어 단어 '푸드(Food)'와 기술을 뜻하는 '테크놀로지(Technology)'가 결합된 말로, 과학자들이 기술로 만든 음식을 뜻해요. 즉, 자연에서 만들어진 음식이 아니라 인공적으로 만들어 낸 음식이지요. 실험실에서 소의 근육을 키워 만든 햄버거나, 실험실에서 키운 달걀로 만든 프라이 등이 푸드 테크 음식이랍니다.

푸드 테크 전문가가 하는 일

푸드 테크 전문가는 주로 식물성 재료로 고기, 우유, 달걀과 같은 동물성 제품을 만드는 일을 합니다. 푸드 테크 전문가는 식물성 재료와 화합물을 혼합하여 동물성 단백질 식품을 만듭니다. 수수, 콩 등 식물에 있는 단백질을 뽑아낸 다음 최대한 실제 동물성 식품과 비슷하게 바꿔요. 만약 식물성 햄버거를 만든다면 실제 고기와 색깔이 비슷하고, 씹는 식감은 물론 맛, 육즙까지 똑같은 패티를 식물성 재료로 만들지요. 이로 인해 사람들은 가축의 희생 없

이 맛있는 햄버거를 먹을 수 있어요.

　푸드 테크 전문가는 식품과 영양에 대한 이해와 생물학적 지식을 갖춰야 합니다. 식물성 물질을 동물성 물질처럼 만들기 위해서는 동물과 식물의 생물학적 차이점을 잘 파악해야 해요. 줄기세포 배양 등 유전학적 지식도 필요합니다. 또한 식물 추출물을 각종 화합물과 결합해야 하므로 화학 분야에 대한 공부도 필수입니다.

미래 직업 엿보기 — 푸드 테크 전문가 손채연

"치익."

뜨거운 돌판 위에서 스테이크가 맛있게 익고 있어요. 한 입 먹어 보세요. 고기를 먹지 않는 채식주의자라고요? 괜찮아요. 이 스테이크는 식물성 원료로 만든 스테이크랍니다. 풍부한 육즙과 향이 소고기와 똑같지만, 진짜 고기는 아니에요.

아, 제 소개가 늦었네요. 저는 푸드 테크 전문가 손채연이에요. 농장이 아닌 실험실에서 고기를 만들어 내는 사람이죠. 어떻게 실험실에서 고기를 만드냐고요? 저도 인공 달걀을 처음 보고 똑같이 생각했어요. 제가 초등학교 5학년 때 '살충제 달걀' 사건이 일어났어요. 달걀에서 살충제 성분이 검출되어 마트에서 달걀이 사라지고, 유기농 달걀 가격이 폭등했지요. 그 사건으로 제가 좋아하는 달걀을 한동안 먹지 못했답니다. 그때 미국에서 유학 중이던 이모가 저에게 인공 달걀을 보내 주었어요. 완두콩과 수수 등 식물성 재료로 만든 가루형 달걀인데, 가루를 물에 풀면 마치 막 깬 달걀을 휘저은 것처럼 변했지요. 맛도 달걀과 비슷했고요. 닭

이 낳지 않은 인공 달걀이 너무 신기해서 이 분야에 대해 공부하다 보니 20년이 지난 지금은 인공 고기를 만드는 연구자가 되었어요.

아몬드 가루, 콩, 밀가루, 감자, 수수, 코코넛 오일은 인공 고기를 만드는 재료예요. 처음에는 이 재료로 진짜 소고기 같은 인공 고기를 만드는

것이 쉽지 않았어요. 맥주 효모를 사용하여 철분을 가진 성분을 개발한 끝에 진짜 동물성 고기와 똑같은 인공 고기를 완성할 수 있었지요.

제가 만든 고기를 프라이팬에 구워 볼게요. 지글지글 소리와 함께 스테이크처럼 맛있는 냄새가 나죠? 색깔도 소고기처럼 먹음직스러운 붉은색이에요. 어때요? 육즙과 식감도 소고기 햄버거 패티와 똑같지요?

저는 소고기뿐만 아니라 식물성 닭고기와 생선도 개발하고 있어요. 처음에는 단순한 호기심으로 푸드 테크 연구를 시작했어요. 그러나 시간이 지날수록 인공 고기의 중요성을 깨달았어요. 인공 고기가 대중화되면 동물을 좁은 사육장에 억지로 가두어 키우지 않아도 됩니다. 그러면 구제역이나 조류 독감 같은 가축 전염병도 생기지 않죠.

인공 고기는 식물성 재료를 이용하므로 고혈압과 심장병을 일으키는 콜레스테롤이 없어요. 고기 알레르기가 있는 사람도 안심하고 먹을 수 있답니다.

이미 지구 인구는 2030년에 80억 명을 넘었어요. 아프리카 지역은 아직도 식량 부족이 심각하지요. 단백질을 못 먹어 영양실조에 걸린 아이들도 여전히 많고요. 푸드 테크를 이용하면 더 많은 아이들에게 영양가 높은 고기를 공급할 수 있어요.

인공 고기는 사람이 먹는 음식이므로 안전이 중요해요. 사소한 점도 놓치지 않아야 하므로 여러 번 실험을 반복해요. 어떤 날은 밤새도록 연구하다 실험실에서 아침을 맞기도 해요. 때로는 연구가 힘들지만 닭 알레르기 때문에 치킨을 먹지 못하다가, 제가 만든 인공 닭고기로 처음 치킨을 맛보았다는 아이의 감사 편지를 보며 이겨 낸답니다.

달리면서 충전하는 배터리를 만드는

전기 자동차 충전 전문가

관련 학문 전자 공학, 재료 공학, 물리학, 화학 등

전기 자동차란?

전기 자동차는 전기의 힘으로 달리는 자동차입니다. 일반 자동차처럼 휘발유나 경유 같은 화석 연료를 사용하지 않고, 스마트폰처럼 전기로 충전하는 배터리가 달려 있어요. 배터리를 사용하기 때문에 대기 오염 물질을 배출하지 않지요.

자동차 회사 볼보와 도요타는 앞으로 기존의 엔진 자동차는 생산하지 않고 전기 자동차와 하이브리드 자동차˙만 생산하겠다고 선언했어요. 자동차 매연이 미세 먼지와 지구 온난화의 주원인이기 때문이지요.

하지만 전기 자동차는 배터리 때문에 널리 이용되기 어려워요. 전기 자동차 배터리 충전소가 얼마 없고, 배터리 용량이 작은데 충전 시간이 너무 길기 때문이지요. 하지만 전기 자동차 관련 기술은 꾸준히 연구 중에 있어요. 충전 방식이 개선되면 지금보다 훨씬 많은 전기 자동차가 세상을 누빌 거예요.

하이브리드 자동차 휘발유, 경유, 액화 석유 가스, 천연가스 또는 전기 에너지를 조합하여 동력을 얻는 자동차.

전기 자동차 충전 전문가가 하는 일

전기 자동차는 친환경적인 게 가장 큰 장점이에요. 그래서 전기 자동차 충전 전문가는 오염 물질을 배출하는 화석 연료나 원자력을 사용하지 않고 전기 에너지 만드는 방법을 연구합니다.

현재 전기 자동차는 급속 충전 시간이 30분 정도로 꽤 긴 편입니다. 배터리를 충전하는 곳도 많지 않아 배터리가 없으면 급할 때 차를 사용하기 힘들지요. 전기 자동차 충전 전문가는 충전 시간 단축 방법을 개발하는 데 매진합니다. 그중 하나가 자동차가 도로를 달릴 때 생기는 여러 에너지를 변환하여 다시 자동차 배터리에 충전하는 기술입니다. 이러한 기술을 개발하기 위해 에너지를 전기로 바꾸고, 전력을 관리하며, 배터리에 저장하는 기술을 열심히 연구하지요. 또 태양광, 진동, 바람 등 친환경 에너지원을 배터리로 충전하는 방식을 조사하지요.

미래 직업 엿보기 — 전기 자동차 충전 전문가 권세연

"미세 먼지 수치 9, 매우 청명한 날입니다."
"좋았어. 창문을 활짝 열고 달리자!"

저는 전기 자동차 충전 전문가 권세연이에요. 맑은 날 드라이브하는 게 취미랍니다. 제가 어릴 땐 창문을 열고 드라이브하는 게 힘들었어요. 미세 먼지가 많아 창문을 열기는커녕 마스크를 쓰고 학교에 가야 했지요. 실내에서는 공기 청정기가 필수였고요.

저희 아버지는 자동차 매연이 공기를 오염시킨다며 전기 자동차를 마련했어요. 전기 자동차는 환경에는 좋았지만 여간 불편한 게 아니었어요. 배터리 용량이 작아 얼마 달리지 못하고 계속 충전소를 찾아야 했지요. 게다가 한 번 충전하는 데 30분이나 걸렸어요. 가족 여행을 가기 위해 영동 고속 도로를 달리다가 배터리가 방전되는 바람에 오도 가도 못하고 견인차를 기다린 적도 있었지요.

저는 여행을 망쳐 버린 전기 자동차가 싫었어요. 아빠는 차를 바꾸자고 떼쓰는 저에게 말씀하셨죠.

"전기 자동차를 쓰는 사람이 많아져야 전기 자동차 충전소가 늘어날 거야. 그리고 언젠가는 도로를 달리며 배터리를 충전할 날이 올지도 모르지."

달리면서 배터리를 충전한다니! 상상만으로도 너무 멋졌어요. 그 뒤 제 관심은 온통 달리면서 충전되는 전기 자동차에 쏠렸고, 마침내 전기 자동차 충전 전문가가 되어 태양열 충전 도로를 만들었어요.

지금 달리는 도로에는 아스팔트 대신 태양 에너지를 생산할 수 있는 태양광 패널이 설치되어 있어요. 태양광 패널이 햇빛을 받아 에너지를 만들고, 전기 자동차가 패널 위를 지나갈 때 도로에 깔린 무선 전력 공급 장치를 통해 그 에너지가 배터리에 충전돼요. 충전소에 들를 필요 없이 도로를 달리기만 해도 저절로 충전이 되니 정말 편리하지요.

전기 자동차가 달리면 태양광 패널이 깨지지 않느냐고요? 패널 윗부분이 강화 유리여서 도로의 충격과 자동차의 무게를 견딜 수 있어요. 도로 아래에는 전류가 통하는 코일이 깔려 있어 자동차 배터리에 충전되기 전까지 에너지를 보관하지요.

태양광 패널에 LED가 들어 있어서 차선과 도로 표면 표지판을 LED 빛으로 나타낼 수도 있어요. 낮에 저장한 태양 에너지로 밤에 가로등을 밝혀 운전자들이 안전 운전을 하도록 돕지요. 또한 열선이 내장되어 추운 겨울에 눈이 쌓이거나 얼지 않도록 눈을 녹여 줘요.

달리며 차를 충전하는 기술을 상용화하기까지 무척 힘들었어요. 중간에 포기하고 싶었던 적도 있었지요. 그랬다면 지금처럼 깨끗한 공기를 만나기 어려웠을지도 몰라요. 이제 지구상의 자동차 중 70%가 전기 자동차랍니다. 휘발유와 경유 같은 화석 원료를 사용하는 차가 내뿜는 배출가스가 감소하니 공기가 점점 맑아졌어요.

도로를 달리며 배터리를 충전하니 충전 비용과 시간까지 절약할 수 있

어요. 충전할 때마다 충전소를 찾아야 하는 번거로움도 줄었지요.

 아직까지 모든 도로에 태양광 패널이 깔린 건 아니에요. 저는 지구상의 모든 도로를 태양광 패널 도로로 바꾸는 그날을 위해 오늘도 열심히 일해요. 차가 달릴 때 대기 오염 물질이 전혀 발생하지 않는 세상이 머지 않았답니다.

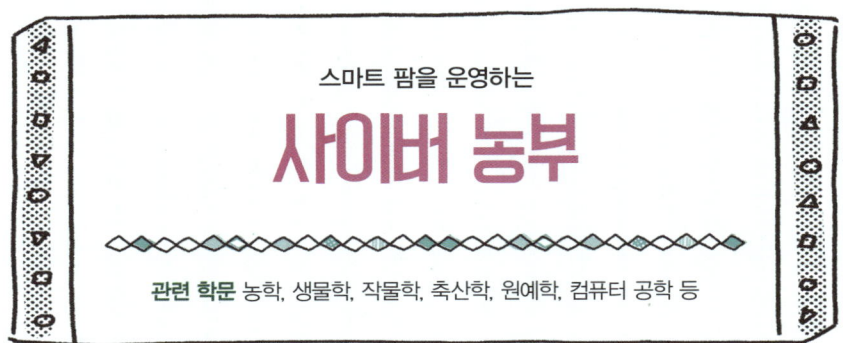

스마트 팜을 운영하는
사이버 농부

관련 학문 농학, 생물학, 작물학, 축산학, 원예학, 컴퓨터 공학 등

스마트 팜이란?

농사를 지을 때 정보 통신 기술(ICT)을 사용하는 농장이에요. 스마트 팜에서는 빅 데이터를 활용하여 농작물이 잘 자랄 수 있는 최적의 온도, 습도, 이산화 탄소 양 등 환경 정보를 수집하고 분석합니다. 농장의 다양한 기기들이 인터넷으로 연결되어 있어 사람의 손길이 직접 닿지 않아도 빅 데이터를 바

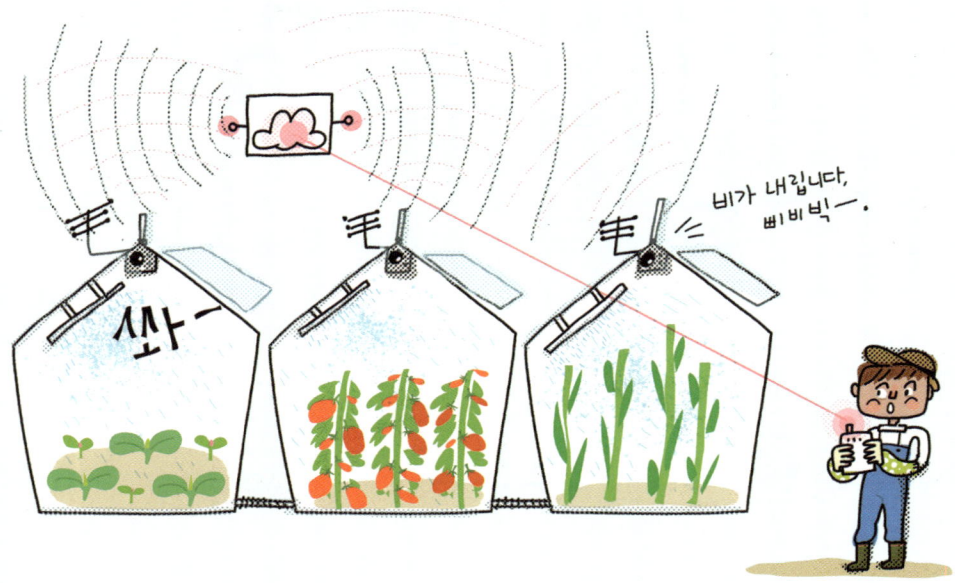

탕으로 적절하게 작물을 관리할 수 있지요. 또 농장과 멀리 떨어진 곳에서도 원격* 기기를 활용해 농장의 환경을 관리할 수 있어요.

사이버 농부가 하는 일

사람의 개입 없이 사물들끼리 서로 정보를 공유하여 작동하는 기술을 '사물 인터넷(IoT)'이라고 해요. 사이버 농부는 이 기술을 적용한 로봇이나 드론 등을 활용하여 원격으로 작물이 잘 자랄 수 있는 환경을 만들고, 작물을 관리해요. 빅 데이터를 분석하여 태풍과 가뭄 등 자연재해에 대비하고 최적의 출하 시기도 정하지요.

사이버 농부는 농산물을 수확한 뒤, 마트 같은 유통업체를 거치지 않고 드론을 이용하여 소비자에게 직접 작물을 배송하기도 해요. 농장에서 소비자에게 바로 배송된 채소는 여러 단계를 거쳐 구입하는 것보다 훨씬 신선하고 저렴해요.

사이버 농부는 과학 기술을 활용해 농업을 하는 직업이므로 자연 과학은 물론 여러 가지 전기, 전자와 관련한 기초 과학 지식이 필요해요.

원격 멀리 떨어져 있음.

미래 직업 엿보기 — 사이버 농부 홍성윤

"D3 지역 포도나무 줄기에서 구멍을 발견했습니다. 나방 애벌레의 서식지입니다."

"그래? 그럼 식초 주사기 준비해 줘. 내가 바로 올라갈게."

여기는 서울시 한복판. 사방을 둘러보면 고층 빌딩과 아파트가 가득해요. 저는 이 도시에서 농사를 짓는 사이버 농부 홍성윤입니다. 농장 관리 로봇인 '마론'이 방금 포도 나무에서 나방 애벌레를 발견했어요. 애벌레를 없애는 데 특효인 식초 주사를 주러 가야겠어요. 어디로 가냐고요? 이 건물 꼭대기인 78층 옥상으로요!

저는 이 아파트 15층에 살고 있어요. 이 건물 옥상에는 제 포도 농장이 있지요. 저는 워낙 포도를 좋아해서 초등학생 때 별명이 '포도 대장'이었는데, 제가 좋아하던 수입산 포도에서 우리 몸에 치명적인 농약이 검출되었어요. 그 뒤로 농약 없이 포도를 키우는 농부가 되기로 마음먹었지요.

"오셨어요? 지름 1.5cm의 구멍이 3개 발견되었습니다."

옥상에 도착하자 마론의 목소리가 울려 퍼졌어요.

"좋아, 식초 주사기는?"

"여기 주사기 3개가 있습니다."

포도나무에 생긴 구멍 속에는 포도유리나방이나 박쥐나방 애벌레가 살고 있어요. 그냥 두면 가지 안에 물이 다니는 수관을 막아 포도가 말라 버려요. 저는 유기농으로 농사를 짓기 때문에 살충제를 사용하지 않고 구멍 안에 식초를 주사해 벌레를 잡아요. 식초 주사를 놓고 조금만 기다리면…… 보세요! 여기 애벌레들이 기어 나와요. 날아다니는 해충은 마론이 잡지만, 줄기 속 애벌레를 잡는 일은 제 몫이죠.

"마론, 거미는 충분해?"

"현재 거미는 약 350마리 정도 있습니다. 노린재는 20마리 이하이기 때문에 곧 사라질 것으로 예상됩니다."

포도나무에 많은 노린재는 천적인 거미를 이용해 잡아요. 노린재 수가 늘어나면 마론이 저에게 즉시 알려 줘요. 그러면 저는 거미를 더 많이 데려와 노린재를 잡지요.

제가 초등학교에 다닐 때만 해도 포도 농장은 도시에서 멀리 떨어진 곳에 있었어요. 하지만 지금은 사물 인터넷 기술이 발달해서 도심 속 아파트 옥상에서 농사를 지을 수 있지요. 계단식으로 경작하니 좁은 옥상에서도 포도나무를 많이 키울 수 있어요. 인공 지능 로봇 마론이 온도, 습도 등 포도나무가 잘 자랄 수 있는 환경을 조성해 주니 자주 올라갈 필요도 없지요.

불안하지 않느냐고요? 전혀요! 시시각각 농장 상황이 제 스마트폰으로 전송되니 크게 걱정하지 않는답니다.

여기 주렁주렁 열린 포도를 보세요. 포도알이 참 크지요? 제가 어릴

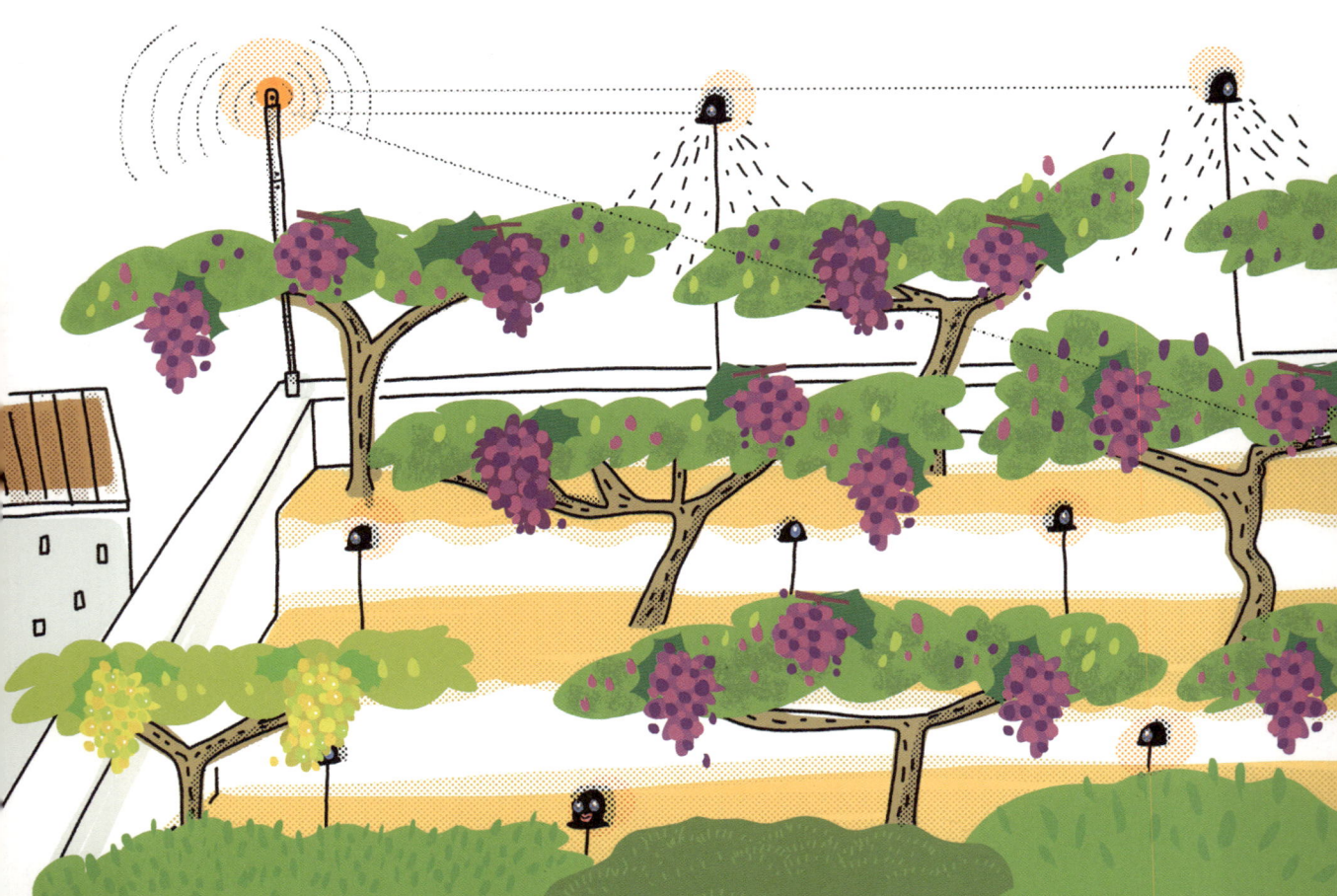

때 먹던 포도는 이보다 훨씬 작았어요. 지금은 인공 지능이 24시간 내내 포도에 가장 적합한 환경을 조성하기 때문에 포도알이 크고 더 달콤해요. 또 100% 유기농 재배이기 때문에 엄마들이 아이들에게 먹일 포도를 안심하고 주문하지요.

"지금 퓨처 브릭스 빌딩에서 포도 주문이 들어왔습니다. 어린이 생일잔치용 포도 5송이와 거봉 3송이입니다."

"마론, 가장 당도가 높은 포도를 파악해 주겠니?"

"조금 전 나방 애벌레가 발견된 나무 부근의 포도 당도가 가장 높습니다. 애벌레들도 달콤한 포도를 좋아해서 그 나무에 자리를 잡은 것 같습니다."

"좋아, 그럼 바로 수확하고 포장해서 드론으로 배송해 줘. 어린이용이니 노란색 풍선 무늬 포장지를 사용하는 것도 잊지 말고."

"알겠습니다."

예전에는 농부가 색깔과 모양을 확인하고, 냄새를 맡아 가장 달콤한 포도를 골라냈지만, 이제는 마론이 포도알이 익은 정도를 센서로 파악해 직접 수확까지 한답니다.

"참, 아이들이 먹을 포도니 알이 너무 큰 것 말고, 지름이 2cm보다 작은 송이를 고르도록 해."

"네, 알겠습니다."

마론이 제 지시에 따라 농장에서 포도를 수확하는 모습을 보면 참 든든해요. 나중에 제가 노인이 되어도, 마론이 도와준다면 충분히 농사를

지을 수 있을 테니까요. 마론이 포장을 끝마치고 포도를 드론에 싣고 있어요. 아이들이 나무에서 갓 딴 싱싱한 포도를 먹으며 즐거운 시간을 보낼 생각을 하니 저도 기분이 좋네요. 드론은 퓨처 브릭스 빌딩에 잘 도착할 거예요. 지금까지 한 번도 배송 사고를 낸 적이 없으니까요. 전 이제 집으로 내려가 아까 그리던 그림을 마무리해야겠어요.

"마론, 농장에 이상 있으면 바로 연락해 줘."

"물론입니다. 그럼 안녕히 가세요."

사이버 정보를 안전하게 지키는
인공 지능 사이버 보안 전문가

관련 학문 공학, 컴퓨터 프로그래밍, 컴퓨터 네트워크, 수학 등

인공 지능 사이버 보안이란?

사이버 보안이란 사이버상의 정보를 보호하는 일을 말해요. 해커들이 인터넷 망을 이용해 컴퓨터에 침입하여 각종 정보를 빼내거나, 악성 코드˚를 막는 기술이지요. 개인 컴퓨터뿐만 아니라, 인터넷 뱅킹을 활용하는 은행, 기밀을 다루는 군대, 국가의 중요 정책을 다루는 행정 기관, 신제품 개발을 앞두고 있는 기업 등 다양한 곳에서 사이버 보안을 강화하기 위해 노력해요. 그런데 빅 데이터나 IT 기술이 더욱 발전할 미래에는 지금보다 사이버 보안이 훨씬 중요해질 거예요. TV, 냉장고 같은 가전제품은 물론이고 자동차, 가로등, 집 안의 변기와 휴지통 같은 온갖 사물이 인터넷으로 연결된 사물 인터넷 시대가 열리기 때문이지요. 그렇기 때문에 인공 지능 기술을 활용한 사이버 보안 기술이 발전할 거예요. 인공 지능 기술을 활용하면 좀 더 빠르고 정확하게 해커의 공격 패턴을 분석할 수 있고, 하루에도 수백 개씩 생겨나는 악성 코드의 치료 백신을 더 빠르게 개발할 수 있어요.

악성 코드 컴퓨터에 나쁜 영향을 미칠 수 있는 프로그램을 통틀어 이르는 말.

인공 지능 사이버 보안 전문가가 하는 일

인공 지능 사이버 보안 전문가는 외부에서 침입한 프로그램의 움직임을 파악하여 방어벽을 세웁니다. 또 해커들이 심은 바이러스를 없애는 프로그램을 만들지요.

생체 인식 연구도 중요한 업무입니다. 최근에는 도용 사건이 많이 일어나는 비밀번호 대신 홍채나 지문 등 개인의 고유한 신체 기관을 활용하여 인증하는 방식이 널리 사용되고 있어요. 따라서 생체를 빠르고 정확하게 인식하는 기술 연구는 매우 중요해요.

인공 지능 사이버 보안 전문가는 컴퓨터 네트워크 시스템을 잘 알아야 해요. 이동 통신, 로봇, 항공, 홈 네트워크˚ 등 보안 기술이 적용되는 여러 분야에 능통해야 하니 전자, 전기, 정보 통신, 컴퓨터 등 공학적 지식도 필요해요. 또 복잡한 암호를 만들거나, 다른 사람이 만든 암호를 풀어야 하므로 수학과 컴퓨터 프로그래밍도 잘 알고 있으면 좋아요.

인공 지능 사이버 보안 전문가는 악성 코드 분석 전문가, 정보 보호 전문가, 모의 해킹 전문가, 보안 솔루션 전문가 등으로도 활동해요.

홈 네트워크 가정의 모든 전자 기기를 제어할 수 있도록 연결한 망.

미래 직업 엿보기 — 인공 지능 사이버 보안 전문가 이은교

"평화 은행 사이트 접속이 비정상적으로 증가하고 있습니다. 디도스 공격이 의심됩니다."

"그래? 1초에 2번 이상 연결하는 접속은 모두 차단해."

지금 막 은행 사이트가 디도스 공격당하는 것을 막았어요. 인공 지능 비서 '만능'이 24시간 감시하며 나를 도와준 덕이지요. 저는 인공 지능 사이버 보안 전문가 이은교입니다. 사람들은 저를 화이트 해커라고 부르기도 합니다. 해커라고 해서 나쁜 일을 하며 세상을 어지럽히는 사람을 생각한 건 아니죠? 보통 해커는 사이버 공간에 침투해 정보를 빼내거나 국가 시설을 마비시켜요. 그러나 화이트 해커는 나쁜 해커의 공격을 방어한답니다.

인공 지능 사이버 보안 전문가는 컴퓨터와 웹 사이트의 보안상 취약 부분을 보완하고, 해킹을 방어해 사이트를 보호해요.

제가 이 직업을 처음 알게 된 건 초등학교 4학년 때였어요. 한창 스마트폰 게임에 빠져 있었는데, 해킹을 당해 키우던 캐릭터의 아이템이 전부

　사라졌지요. 몇 달에 걸쳐 용돈을 모아 장착한 아이템들이었기에 저는 크게 절망했답니다. 너무 화가 나서 어떻게든 그 해커를 찾아 보상받고 싶었지만 불가능했지요. 다시 똑같은 일을 당할 수 있다고 생각하니 게임도 하기 싫어졌어요.

　어떻게 하면 다시는 이런 일이 일어나지 않을까 찾아보다가 인공 지능 사이버 보안 전문가라는 직업을 알게 되었지요. 아이디를 도용하고, 사이버 세계를 혼란에 빠뜨리는 해커에게서 사람들을 보호하는 이 일을 해야겠다고 마음먹었지요. 그 후 열심히 공부해서 인공 지능 사이버 보안 전문가가 되었어요.

지금도 게임을 하냐고요? 물론이죠. 제 컴퓨터와 스마트폰에는 아주 많은 게임이 있어요. 하지만 저를 게임 중독자라고 생각하지는 마세요. 제가 게임을 하는 이유는 해커에게 공격당하는 사람을 돕기 위해서거든요. 게임을 비롯한 사이버상의 프로그램에는 약점이 있어요. 각종 바이러스가 발생할 수도 있고 해커가 침입할 수도 있죠. 저는 게임을 하며 보안 정책을 세우고 방화벽을 만들어요. 집에 튼튼한 열쇠를 채우면 도둑이 들어오지 못하듯이, 프로그램에도 강력한 방화벽을 세우면 해커가 침입하지 못해요.

"만능, 평화 은행 상황을 다시 확인해 줘."

"디도스 공격은 종료되었습니다. 다른 사이트도 별문제 없습니다."

인공 지능 만능은 저의 든든한 조수랍니다. 한 사람이 수많은 사이트를 모두 감시하는 것은 매우 힘들어요. 게다가 요즘은 가전제품과 살림살이도 모두 사물 인터넷으로 연결되어 있어 감시할 부분이 더욱 많아요. 만능 같은 인공 지능은 한순간도 감시를 게을리하지 않아요. 빅 데이터를 통해 사이버 공격을 알아채서 바로 보고하지요. 지금까지 지구상에서 발견된 모든 사이버 공격의 패턴을 입력해 놓았더니 그 자료를 바탕으로 스스로 새로운 해킹 방어법도 익혀요.

처음 인공 지능이 생겨났을 때 모두가 새로운 기술에 감탄했어요. 지금은 그때보다 기술이 더욱 발전하여 인공 지능 스스로 문제를 처리하고 더 강력한 방화벽을 구축하지요.

　제가 하는 일 중 가장 중요한 부분은 생체 인식 암호 개발이랍니다. 예전에는 인터넷에 로그인할 때 비밀번호를 입력해서 본인 인증을 했어요. 하지만 비밀번호 해킹과 아이디 도용 문제가 끊이지 않자, 지금의 생체 인식 기술이 개발되었지요. 한때는 지문이나 홍채처럼 신체 일부분을 인식하는 스마트폰도 있었어요. 모든 사람의 지문과 눈동자가 다르기에 만들어진 생체 암호였지요. 하지만 이 역시 해킹에 100% 안전하지 않았어요. 만일 내가 마신 유리컵에서 지문을 복제한다면 스마트폰의 인터넷 뱅킹 어플에 접속해 돈을 빼내거나, 범죄에 이용할 수 있었어요. 그렇기에 더 많은 정보가 들어간 기술이 필요했고, 홍채는 물론 얼굴 전체를 인식하는 안면 인식 기술을 개발했어요.

　안면 인식은 스마트폰에서 인증 버튼을 누르면 레이저 빛이 나와 사용자를 스캔하는 방식으로 이루어져요. 얼굴 크기와 윤곽, 눈 코, 입, 귀의 각도까지 분석하니, 전보다 훨씬 안전하지요. 하지만 그에 따라 해킹 기술도 점점 진화하기 때문에 저는 더 발전된 기술을 연구 중이에요. 키와 몸 전체를 인식하는 전신 인식은 물론, 행동 방식과 의학 정보 등 다양한 정보로 자신을 인증하는 방식이에요. 사람은 목소리와 걸음걸이는 물론 웃거나 눈을 깜박이는 등의 행동이 저마다 조금씩 달라요. 또한 뇌파와 심장 박동, 혈압 같은 몸 상태도 조금씩 다르죠. 이러한 자기만의 여

🔒 심장 박동과 혈압 인식　　🔒 음성 인식　　🔒 걸음걸이 인식

낮은 톤 목소리

새로운 박동 수 추가　　　　　　　　　　평가 경감

IQ 121

작은 체구　　앙상　　맞춤전이　　🔒 전신 인식

L.E.K. [Tamssi]

🔒 종합 정보

🔒 개인 정보 시작

러 가지 정체성을 서명처럼 사용할 수 있는 연구는 앞으로도 계속될 거예요.

저는 특히 전신 인식에 관심이 많아요. 여러분이 카메라 앞으로 다가가면, 카메라는 여러분의 눈동자와 얼굴, 팔다리의 형태를 확인해요. 다가오는 걸음걸이, 암호를 발음하는 목소리가 미리 입력한 정보와 일치하는지도 살피지요. 또 코를 훌쩍이거나, 눈을 깜박이는 속도, 머리카락을 귀 뒤로 넘기는 행동이 평소와 똑같은지도 살펴봐요. 마지막으로 원격 장치를 통해 맥박과 뇌파, 혈압 등 신체 상태를 확인한답니다. 어때요, 이쯤 되면 정보를 빼내려는 범죄자가 도저히 통과할 수 없는 안전한 보안 장치가 되겠죠?

생체 인식 기술은 매우 발전되었고 안전하지만, 개발이 쉽지는 않아요. 사람의 몸이 계속 변하기 때문이에요. 운동을 한 직후 본인 인증을 한다면 심장 박동이 너무 빨라 인식을 못 할 수도 있어요. 자신도 모르게 행동 습관이 바뀔 수도 있고, 변성기가 되어 목소리가 바뀌기도 하죠. 또 병에 걸려 갑자기 살이 빠지거나 반대로 갑자기 살이 찔 수도 있어요. 그럼에도 포기하지 않고 계속 연구하여 100% 안전한 사이버 세상을 만드는 것이 저의 목표랍니다.

고령화 시대를 책임지는
실버 케어 로봇 전문가

관련 학문 사회 복지학, 심리학, 의학, 간호학, 로봇 공학 등

실버 케어란?

실버 케어란 노인 복지를 뜻해요. 의료 기술이 발달하면서 인간의 평균 수명이 점점 늘어나고 있습니다. 우리나라는 2018년, 65세 인구 비율이 약 14.8%를 기록했고, 이미 14세 이하 유소년 인구보다 65세 이상 노인 인구가 더 많지요. 지금의 추세라면 2040년에는 인구의 절반이 52세를 넘길지도 몰라요. 그래서 노인 복지에 대한 준비가 필요하죠. 나이가 들면 움직임이 둔해져 다치기 쉬워요. 게다가 심장병, 당뇨병, 고혈압 등 각종 질환이 발생하기 쉽지요. 또한 배우자가 사망하거나 자식과 떨어져 외로이 생활하는 노인도 많아요. 경제적 여유가 없어 생활이 불편하기도 하지요. 노인 복지는 건강, 생활, 경제 등 여러 분야에 걸쳐 노인들의 삶을 돌보는 것을 의미해요.

실버 케어 로봇 전문가가 하는 일

노인 인구는 빠르게 늘어 가지만 복지 예산은 그렇지 못해요. 따라서 실버 케어 로봇 전문가는 첨단 기술을 이용해 적은 비용으로 노인의 심신 건강을 지켜요. 건강이 나빠 관리가 필요한 노인을 위해 심박수, 혈압, 당수치 등을

측정하여 전문가에게 자동으로 전달해 주는 실버 케어 로봇을 만들지요.

정서적으로 외로움을 느끼는 노인을 위한 감성 로봇도 공급합니다. 친근하고 부드러운 재질의 로봇이 노인을 돌보고, 대화를 나누면서 삶의 활력을 줍니다.

실버 케어 로봇 전문가는 더 많은 노인에게 건강과 정서를 돌봐 주는 장치를 보급하여 편안하게 생활하도록 도와주는 것이 목표예요. 이를 위해 의학, 사회 복지학, 심리학 등의 지식을 로봇에 적용하지요

미래 직업 엿보기 — 실버 케어 로봇 전문가 김아랑

"오늘 운동을 안 했습니다. 당뇨에는 운동이 필수입니다. 지금 나가서 운동해요."

"아니야, 초코. 공손하고 부드럽게 말해야지. '할아버지, 오늘 날씨가 좋아요. 저랑 함께 산책하러 가시겠어요?' 이렇게 말해."

"알겠습니다."

"잊지 마, 너는 노인과 함께 생활하는 가족이야."

저는 지금 실버 케어 로봇 초코를 교육하는 중이에요. 저는 실버 케어 로봇 전문가 김아랑입니다. 제 임무는 노인을 돌보는 로봇을 만들고 프로그래밍하는 거예요. 실버 케어 로봇은 다른 로봇과 달리 감성적인 면이 중요해요. 다른 로봇은 일만 잘하면 되지만, 실버 케어 로봇은 사람처럼 따뜻해야 합니다.

초코는 딱딱한 몸체를 부드러운 재료로 감싸 인형처럼 푹신해요. 누구나 초코를 보면 품에 안고 싶어 하지요. 외모뿐 아니라 행동과 말투도 친근합니다. 마치 자식이나 손주처럼 말이죠.

우리나라는 2026년에 65세 이상 인구가 전체 인구의 40%를 넘겼어요. 지금도 노인 인구는 쭉 증가하고 있지요. 노인 한 명을 돌보기 위해 너무 많은 시간과 노력이 필요해지자, 사람 대신 노인 곁에 머물며 자식이나 친구 역할을 하는 로봇이 크게 발달했어요. 이 로봇은 노인들의 생활에 활력을 불어넣습니다.

실버 케어 로봇은 노인과 정서적인 유대감을 형성할 뿐만 아니라 24시간 함께 생활하며 심장병, 고혈압, 당뇨, 치매, 관절염 등 각종 질병을 철저하게 관리해요.

예를 들어 고혈압이 있는 노인을 위해 너무 짠 음식은 먹지 못하게 하고, 관절이 아파 거동이 불편한 노인을 위해 팔다리 역할을 하지요. 매일

필요한 운동을 함께 하며 건강을 유지하도록 도와주고, 치매를 예방하기 위해 퍼즐이나 보드게임도 같이 하지요.

실버 케어 로봇의 가장 중요한 임무는 비상 상황에 대비하는 거예요. 실버 케어 로봇은 노인이 기절하거나 발작을 일으키면 자동으로 가장 가까운 응급실에 연락해요. 심폐 소생술 같은 응급 처치도 입력되어 있어요.

제가 6학년 때 할아버지가 갑자기 집에서 심장 마비로 돌아가셨어요. 아무도 없는 집에서 갑자기 발작이 일어나, 누구의 도움도 받지 못한 채 돌아가셨지요. 만약 그때 초코처럼 옆에서 항상 돌봐 주는 로봇이 있었다면 얼마나 좋았을까요? 저는 우리 할아버지처럼 돌아가시는 분이 다시는 없었으면 하는 마음으로 실버 케어 로봇을 만들고 있어요. 우리나라뿐만 아니라 전 세계 모든 노인에게 실버 케어 로봇을 공급하는 게 제 목표예요. 지금도 그날을 위해 열심히 노력하고 있답니다.

사라진 역사 속 문화재를 되살리는
디지털 문화재 관리사

관련 학문 역사학, 고고학, 인문학, 건축학, 컴퓨터 그래픽 등

디지털 문화재란?

문화재란 한 나라의 조상들이 남긴 유산 중 역사적, 문화적 가치가 높아 보호해야 할 재산을 말해요. 중국의 만리장성, 우리나라의 석굴암, 인도의 타지마할 등이 대표적인 문화재이지요. 문화재는 오랜 세월이 흐르면 사라지거나 훼손될 확률이 높아요. 한 번 손상된 문화재를 복구하는 것은 쉽지 않지요. 그래서 생겨난 것이 바로 디지털 문화재예요. 디지털 문화재는 3D 기술로 문화재 설계 방법을 파악해 디지털로 실제와 똑같이 만듭니다. 가상 현실을 이용해 체험도 가능하죠. 디지털 문화재는 과거의 유물을 현재에 되살려 미래로 이어 준답니다.

디지털 문화재 관리사가 하는 일

디지털 문화재 관리사는 IT 기술을 이용하여 오래된 문화재의 설계도를 만들고, 그 설계도를 바탕으로 망가진 문화재를 보수합니다. 이미 화재로 사라진 문화재도 과학 기술을 적용해 다시 만들어 낼 수 있습니다.

옮기기 힘든 고인돌, 불국사 같은 유적을 가상 현실로 만들어, 다른 나라

에서도 체험할 수 있도록 도와줍니다. 고구려, 신라 등의 옛 모습을 복원하여 게임처럼 즐기는 디지털 콘텐츠를 만드는 일도 하지요. 디지털 문화재 관리사는 책으로 보던 역사를 실제로 만나고 체험해 보는 흥미로운 경험을 창조합니다. 디지털 문화재 관리사는 직접 문화재를 건축하는 건축사이기도 하지만 문화재를 이용한 콘텐츠 제작자이기도 하지요.

미래 직업 엿보기 — 디지털 문화재 관리사 이화린

"정말 놀라워요!"

"무척 아름답군요!"

안녕하세요, 저는 디지털 문화재 관리사 이화린입니다. 여기는 호주의 수도 캔버라예요. 이곳에 1300여 년 전 신라 시대 때 만들어진 석굴암을 가상 현실로 옮겨 왔어요. 관람객들이 VR 안경을 끼고 석굴암을 눈앞에서 즐기고 있어요. 가상 현실로 재현한 석굴암에 호주인들도 감동한 모양이에요. 석굴암을 완벽하게 되살리기 위한 제 노력이 헛되지 않았네요.

저는 초등학교 때 국립 중앙 박물관에 체험 학습을 가서 석굴암의 관음보살을 그린 서화를 봤어요. 웅장하고 엄숙한 모습이었지요. 집에 돌아와서도 그 신비로운 모습이 자꾸 생각났어요. 결국 저는 부모님을 졸라 진짜 석굴암을 보러 경주에 갔어요. 하지만 석굴암 내부는 유리로 막혀 아예 들어갈 수 없었고, 그마저도 사람들에 밀려 대충 보고 나와야 했지요. 일제 강점기 때에 석굴암을 잘못 수리하여 석굴암에 습기가 차기 시작했대요. 그래서 습기를 제거하기 위해 지금같이 석굴암 내부를 유리로 막고 에어컨을 틀 수밖에 없었대요.

전 너무나 속상했어요. 망가진 우리나라의 문화유산을 원래 모습 그대로 되돌리고 싶었지요. 그래서 석굴암을 되살릴 방법을 공부했고, 디지털 문화재 관리사가 되었어요.

아무리 아름다운 문화재도 시간이 흐르면 점점 망가져요. 저는 사라진 문화재를 되살리거나, 아름다운 문화재를 지금 모습 그대로 보존하는 일을 해요. 실제로 만들기도 하고, 지금처럼 가상 현실로 제작하기도 하지요. 가상 현실을 이용하면 전 세계 어느 곳에서나 자유롭게 우리 문화재를 전시할 수 있어요. 뉴욕과 파리의 유명 박물관에서도 석굴암 특별전을 열었는데, 말로만 듣던 동양의 신비에 많은 사람들이 감탄했지요.

가상 현실로 만든 문화재는 망가지지 않으니 마음껏 둘러보고, 만져 보며 체험할 수 있어요. 전통 건축물로 만든 퍼즐을 맞춰 보거나 360개의 석굴암 조각을 직접 조립하며 그 우수성을 배우지요. 가상의 석굴암과 불국사를 돌아다니며 신라의 유물을 찾는 게임도 관람객들이 좋아한 체험 중 하나였어요.

　디지털 콘텐츠를 이용하면 역사를 쉽고 재미있게 배울 수 있어요. 자리

에 앉아 책으로 역사를 배우는 게 아니라 실제처럼 만들어진 신라 거리를 거닐며 직접 역사를 느낄 수 있지요. 신라의 화랑이 되어 김춘추와 함께 전투에 나가 고구려군과 대결하거나, 선덕 여왕이 되어 나라를 다스리기도 하죠. 게임 속 내용은 모두 역사를 바탕으로 이루어지기 때문에 저절로 공부가 됩니다.

우리나라에 대해 잘 모르는 다른 나라의 학생도 제가 만든 디지털 콘텐츠를 통해 한국의 역사를 쉽게 받아들여요. K-POP만 알던 한류 팬도 우리의 오랜 역사에 감탄하지요. 브라질, 케냐, 우즈베키스탄 등 세계 곳곳의 한류 팬들이 한국에 방문하지 않아도 가상 현실로 한국 문화를 체험해요. 제가 일을 하며 가장 보람을 느끼는 순간도 바로 이때랍니다.

문화재를 디지털로 되살리는 일은 쉽지 않아요. 아주 작은 돌멩이까지 3D 카메라로 찍어야 합니다. 석굴암은 크레인을 사용해 0.5mm 단위로 일주일 넘게 꼼꼼하게 촬영했어요. 그다음으로 촬영 내용을 모아 실제 크기로 디자인하는 작업을 몇 개월 동안 반복하며 최대한 실제와 똑같이 만들었지요.

작은 실수나 프로그램 오류가 일어나면 전체가 망가지기 때문에 완벽해질 때까지 반복해야 해요. 힘들지 않느냐고요? 힘들긴 하지만, 지금처럼 사람들이 감동하는 모습을 보는 순간, 모든 수고가 다 잊힌답니다.

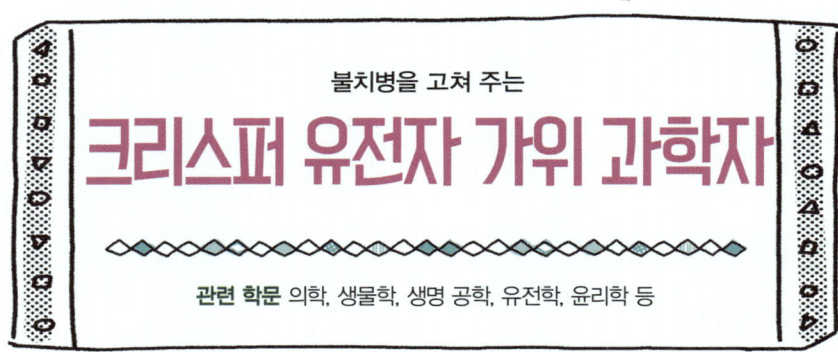

크리스퍼 유전자 가위란?

우리는 외모, 체질, 적성 등 수많은 정보를 부모님에게 물려받아요. 이것을 '유전'이라고 해요. 유전은 유전자를 통해서 이루어져요. 그런데 같은 부모에게 유전자를 물려받은 형제나 자매도 완전히 똑같지는 않아요. 심지어 함께 태어난 쌍둥이도 성격과 외모가 조금씩 다르지요. 왜 그럴까요? 유전자가 들어 있는 DNA의 배열 방식이 다르기 때문이에요. DNA는 아데닌(A), 구아닌(G), 시토신(C), 티민(T)이라는 네 가지 염기로 구성되어 있어요. 이 네 가지 염기의 배열 방식이 유전자의 특징을 결정해요.

그런데 어떤 이유로 문제가 있는 유전자가 유전되는 경우가 있어요. 이럴 때 문제가 있는 유전자를 잘라 내 유전자를 교정하는 기술이 '크리스퍼 유전자 가위' 기술이에요. 가위로 종이를 자르듯 잘못된 유전자를 도려내는 기술이기에 붙여진 이름이지요.

크리스퍼 유전자 가위 기술은 유전자만 정확하게 인식하여 자른 다음, 염기를 없애기도 하고 염기 서열을 바꾸기도 해요. 다른 서열을 집어넣기도 하지요. 이 기술은 생명의 정보를 담고 있는 DNA를 편집하는 도구이기 때문에 아주 정확하고 정밀합니다.

크리스퍼 유전자 가위 과학자가 하는 일

유전자에는 매우 많은 정보가 들어 있어서 문제가 있는 유전자를 찾으려면 많은 비용과 긴 기간이 소요돼요. 크리스퍼 유전자 가위 과학자는 인공 지능을 이용하여 보다 빠르게 DNA를 분석해요. 오류가 있는 DNA를 찾아 인공 효소를 이용해 자르고 다른 DNA로 대체해요. 인공 효소를 가위처럼 이용하는 것이지요.

크리스퍼 유전자 가위 과학자들은 암, 에이즈, 자폐 같은 병을 연구해요. 그뿐만 아니라 생명 공학 분야에서 일하며 멸종 위기의 동식물과 식량 문제, 환경 문제 등 지구의 다양한 문제를 해결하기 위해 노력합니다.

크리스퍼 유전자 가위는 생명에 관한 정보를 담고 있는 DNA를 편집하는 도구이기 때문에 아주 정확하고 정밀해야 해요. 또한 연구자의 윤리 의식도 매우 중요합니다.

미래 직업 엿보기
크리스퍼 유전자 가위 과학자 이예인

반가워요, 저는 크리스퍼 유전자 가위 과학자 이예인입니다. 진짜 가위로 유전자를 잘라 내느냐고요? 그렇지 않아요. 크리스퍼 유전자 가위는 쇠로 만들어진 가위가 아니라 효소입니다. 효소가 DNA를 잘라 내는 게 꼭 가위로 종이를 자르는 것 같아 '유전자 가위'라고 부르지요.

제가 크리스퍼 유전자 가위에 관심을 가진 것은 초등학생 때 만난 현수라는 친구 때문이죠. 현수는 어느 날 갑자기 백혈병에 걸렸어요. 저는 항암 치료를 위해 머리를 전부 깎은 현수의 모습에 충격을 받았어요. 교실에서 늘 장난치며 잘 웃던 현수가 아니었지요. 다행히 현수는 몇 년간의 치료 후 건강을 되찾았어요. 하지만 그 기간 동안 병원에 누워 있느라 학교를 다니지 못했어요.

현수가 치료를 받던 즈음 세상에 크리스퍼 유전자 가위 기술이 알려졌어요. 이 기술을 이용해 병을 일으키는 유전자를 잘라 내면 평생 백혈병에 걸리지 않을 수 있다고 했죠. 현수의 일을 겪고 이 기술을 접한 뒤로 저는 유전자 가위에 대해 공부하기로 결심했어요. 서른 살이 된 지금, 백혈병이나 암 같은 병을 일으키는 유전자를 제거하여 사람들에게 건강한 삶을 되찾아 주는 일을 하게 되어 매우 행복해요.

특히 가족의 병이 유전될까 봐 두려워하는 사람은 크리스퍼 유전자 가위 덕분에 안심합니다. 배우 안젤리나 졸리의 엄마와 이모는 유방암에 걸렸어요. 안젤리나 졸리도 유전자를 검사하니 유방암에 걸릴 확률이 무척 높았어요. 그녀는 37세의 젊은 나이에 암을 예방하기 위해 수술을 받았어요. 지금은 그때보다 크리스퍼 유전자 가위 시술이 훨씬 쉬워서 더 많은 사람들이 혜택을 받지요.

크리스퍼 유전자 가위는 의학뿐만 아니라 다양한 분야에서 사용되고 있어요. 예를 들어 바나나가 병충해에 시달리지 않도록 바이러스에 취약한 바나나의 유전자를 크리스퍼 유전자 가위로 제거하지요. 병충해가 사라지면 농약을 사용하지 않아도 돼 환경에도 도움이 돼요. 또한 돼지의 지방을 만드는 유전자를 없애면 지방이 적은 돼지고기를 먹을 수 있어요. 더 이상 살찔 걱정 없이 돼지고기를 먹을 수 있죠.

그러나 크리스퍼 유전자 가위를 염려하는 사람도 많아요. 마치 신처럼

전지전능하게 인간의 병을 조절하기 때문이에요. 타고난 유전자에 손을 대서는 안 된다고 주장하는 사람들도 있어요. 만약 세상에 태어날 아기의 유전자를 부모가 원하는 대로 바꾼 '맞춤 아기'를 출산한다면 어떨까요? 기술적으로는 뛰어난 외모와 두뇌, 살이 찌지 않는 체질을 가진 아기를 만들 수 있어요. 하지만 그렇게 된다면 모두가 쌍둥이처럼 외모와 재능이 닮은 세상이 올지도 몰라요.

생명을 다루는 크리스퍼 유전자 가위 과학자가 올바른 윤리 의식을 갖춰야 하는 것도 그 때문이에요. 윤리를 무시한 채 자기 마음대로 기술을 적용하면 세상은 혼란스러워질 거예요. 그래서 저는 연구할 때 윤리적인 기준을 지키려고 노력한답니다.

자유자재로 몸이 변하는
소프트 로봇 개발자

관련 학문 기계 공학, 전기 공학, 무선 통신, 신소재 공학, 생물학 등

소프트 로봇이란?

　소프트 로봇은 소프트 아이스크림처럼 부드러운 로봇이에요. 강철이나 강한 플라스틱 등으로 만든 보통 로봇과 달리 실리콘, 고무 등의 소재로 만들어 부드럽지만 외부 충격에 강하고, 움직임이 유연해요. 소프트 로봇은 크고 단단한 로봇이 활약할 수 없는 여러 분야에 활용할 수 있어요. 특히 재난 현장에서 구조대의 보조 역할을 하거나 약물 전달, 정찰 등을 수행해요. 건물이 무너진 위험한 현장에서는 잔해 속을 지렁이처럼 기어가 사람을 구하거나, 산소 탱크 없이도 우주 공간에서 척척 일한답니다.

소프트 로봇 개발자가 하는 일

　소프트 로봇 개발자는 불가사리, 문어같이 유연한 생물의 움직임을 관찰하여 로봇에 적용해요. 와이어˙나 스프링으로 근육이 있는 동물처럼 유연하게 움직이도록 만드는 식이지요. 소프트 로봇 개발자는 로봇을 프로그래밍할

와이어 여러 가닥의 강철 철사를 합쳐 꼬아 만든 줄.

때 재료의 특성을 반영하여 뻗고, 구부리고, 크기를 바꾸며 자유자재로 작동하도록 만들어요.

　소프트 로봇은 로봇 구조를 잘 파악해야 만들 수 있어요. 재난 현장 등에서 활동하기 위해서는 무선 통신 기술이 꼭 필요해요. 소프트 로봇은 곤충, 문어, 물고기 등 여러 생명체가 움직이는 원리를 적용해야 하기 때문에 생물학 분야를 이해하는 것도 중요해요.

미래 직업 엿보기 — 소프트 로봇 개발자 손영민

저는 지금 태백산 근처에서 발생한 강한 지진 때문에 무너진 석탄 박물관의 관람객을 구하러 왔습니다. 지진 때문에 길이 끊겨 겨우 개인용 드론을 타고 현장에 도착했어요.

"안녕하세요, 손 박사님, 저는 구조단 단장입니다. 현재 석탄 박물관 입구가 완전히 무너졌어요. 굴착기로 파내기 어려울 정도로 돌덩이가 쌓여 진입이 불가능해요."

"걱정 마세요. 소프트 로봇을 사용하면 좁은 틈으로도 매몰된 사람들에게 접근할 수 있어요. 지금 안에 갇힌 사람이 몇 명이죠?"

"단체 관람을 온 유치원생들 24명과 인솔 교사 1명이 나오지 못했습니다. 벌써 6시간째입니다."

"혹시 아이들의 위치는 파악하셨나요?"

"전혀 파악이 불가능합니다. 송전탑도 무너져 휴대 전화 신호가 잡히지 않으니 GPS*로 위치를 파악할 수 없어서요."

GPS 인공위성을 이용하여 위치를 정확히 알아낼 수 있는 시스템.

제가 젤리 소프트 로봇 뭉치를 꺼내자 단장이 놀랐어요.

"이 로봇은 마치 우리 아이가 먹는 지렁이 모양 젤리처럼 생겼군요."

"맞아요, 지렁이 젤리를 본떠 만든 로봇이지요. 이 안에는 손톱만 한 칩이 있습니다. 이 칩이 숨 쉴 때 나오는 이산화 탄소를 감지해 생존자의 위치를 찾아 자동 전송하니 걱정하지 않으셔도 됩니다."

"위치를 파악할 수 있어 다행이네요. 하지만 산사태로 길이 끊어져서 굴착기와 크레인 같은 중장비들이 언제 도착할지 몰라 걱정이네요. 먹을 것 하나 없이 그 시간을 버틸 수 있을까요?"

"걱정 마세요. 이 로봇은 모양만 젤리가 아니에요. 먹을 수도 있지요. 탄수화물, 비타민, 단백질, 미네랄 등 필수 영양소가 들어 있어 구조를

기다리는 동안 건강을 유지할 수 있죠. 아이들 위 속으로 들어간 젤리 로봇은 마지막으로 아이들의 신체 상태를 더욱 정확하게 확인하여 데이터로 전송하고 제 역할을 마친답니다."

"정말 다행이군요. 이 젤리 소프트 로봇을 당장 무너진 건물 안으로 보냅시다."

젤리 소프트 로봇을 무너진 석탄 박물관 입구에 놓았어요. 100개쯤 되는 젤리 소프트 로봇들은 지렁이처럼 꿈틀꿈틀, 그렇지만 매우 빠른 속도로 기어 아주 좁은 틈으로 들어갔어요. 젤리 소프트 로봇들은 각자 여러 방향으로 흩어져 사람이 호흡하며 내뿜는 이산화 탄소를 찾아다녔지요. 저는 로봇들이 속히 아이들의 위치를 알아내기를 바라며 컴퓨터에 로봇의 위치 신호가 잡히길 기다렸어요.

"띠, 띠, 띠."

드디어 소프트 로봇이 아이들의 위치를 파악했어요. 여기저기에 흩어져 있던 소프트 로봇들이 아이들이 있는 곳으로 모였어요.

"여기입니다. 박물관 1층 지질관 출구에서 30m 떨어진 지점에 아이들이 있어요. 다행히 젤리를 발견해서 먹고 있네요. 나머지 젤리 로봇들도 저 위치로 모일 테니 당분간 아이들이 탈진할 걱정은 안 해도 됩니다. 건강 상태도 비교적 양호하네요."

"신기하네요. 덕분에 한시름 놓았습니다."

때마침 박물관으로 오는 작은 길이 복구되어 구조 장비가 출발한다는 뉴스가 나오네요. 얘들아, 조금만 기다려!

환경과 건강에 이로운 음식을 만드는
곤충 요리 연구가

관련 학문 식품 영양학, 생명 공학, 농생물학, 곤충학, 산업 곤충학 등

곤충 요리란?

사람이 먹어도 되는 곤충을 다양한 방식으로 조리하여 만든 음식이에요. 곤충은 육류, 어류와 비교해도 뒤지지 않을 만큼 각종 영양소가 풍부한 식량 자원이에요. 메뚜기는 소고기에 비해 단백질이 3배나 많아요. 밀웜이 함유한 불포화 지방산은 어류와 비슷한 수준입니다.

요리 재료로 쓰이는 몇몇 곤충은 소처럼 메탄가스를 내뿜지 않아 친환경적이에요. 또한 가축에 비해 조류 인플루엔자(AI), 구제역, 광우병 등 전염병을 일으킬 위험이 낮지요.

의외로 맛있는 곤충

인류는 아주 오래전부터 곤충을 먹어 왔고, 지금도 약 19억 명의 인구가 2000종의 곤충을 먹고 있어요. 고대 그리스의 철학자 아리스토텔레스는 《동물의 역사(Historia Animalium)》라는 책에서 '매미 유충은 껍질이 벗겨지기 전 가장 맛이 좋다'고 말했지요.

고급 음식의 대명사인 바닷가재도 불과 200년 전에는 혐오 식품이었다는

사실을 알고 있나요? 곤충 음식이 지금은 거부감이 들어도 200년 뒤에는 인기 식품이 될지도 몰라요.

곤충 요리 연구가가 하는 일

아무리 영양 많고, 친환경적이어도 곤충을 먹는 것에 거부감이 드는 건 어쩔 수 없어요. 이러한 거부감을 줄이는 일이 곤충 요리 연구가의 가장 큰 과제입니다. 이 과제를 해결할 한 가지 방법은 곤충을 밀가루같이 고운 가루로 만들어 파스타와 쿠키 등의 재료로 활용하는 거예요. 하지만 곤충의 겉면에 들어 있는 키틴이라는 성분 때문에 곤충 가루로 반죽을 하면 잘 뭉쳐지지 않고 뚝뚝 끊어져요. 현재 많은 연구자들이 곤충 가루 반죽을 쫄깃하게 하는 방법을 개발 중이랍니다.

또 인간이 먹을 수 있는 약 2000종의 곤충 가운데 요리에 적합한 곤충을 찾아내는 것도 곤충 요리 연구가가 해야 할 일이에요. 그렇기 때문에 식품 영양학에 대해서도 잘 알아야 하지요.

미래 직업 엿보기 — 곤충 요리 연구가 김승유

"밀웜 한 마리가 탈출합니다."

인공 지능 비서의 경고음이 주방에 울려 퍼졌어요.

"에휴, 이 녀석들은 늘 탈출하려고 하네."

주방에 벌레가 있어서 놀랐나요? 이 애벌레와 곤충은 음식 재료예요. 지저분한 주방에 돌아다니는 바퀴벌레 같은 해충이 아니랍니다. 저는 곤충 요리 연구가 김승유예요. 저도 처음에는 곤충이 징그러웠는데 금방 익숙해졌어요.

저는 어릴 적부터 요리사가 되고 싶었어요. 사람들에게 맛있는 음식을 만들어 주는 게 좋았지요. 하지만 초등학교 4학년 때 아프리카에 사는 한 어린이의 소식을 접하고 마음을 바꾸었어요. 맛있는 음식을 만드는 일보다, 음식이 없어 굶주리는 사람들을 돕는 일을 하기로요. 20년이 지난 지금, 그 꿈을 이뤄 곤충 요리 연구가가 되었답니다.

제 옆에 높이 쌓인 상자는 파스타예요. 파스타가 왜 이렇게 많냐고요? 방학이 되기 전에 결식아동들에게 보내야 하기 때문이지요. 결식아동들은 학기 중에는 학교에서 급식을 먹지만 방학이 되면 집에서 끼니를 해결해야 돼요. 재료도 마땅찮고, 아직 어려 혼자 요리할 수도 없으니 빵이나 과자처럼 영양가가 부족한 음식으로 끼니를 때우는 경우가 많지요. 그런데 이 즉석 파스타는 따뜻한 물만 부

아니 이 맛은 고기 맛인가, 벌레 맛인가!

냠냠

으면 금방 영양 많고 맛 좋고, 식감까지 훌륭한 파스타가 돼요. 또 성장기에 꼭 필요한 단백질은 물론 철분, 아연, 오메가3까지 들어 있지요. 이 파스타에 일부러 갖은 영양분을 넣었냐고요? 아니에요. 곤충 가루로 면을 만들면 돼요. 곤충은 우리 몸에 필요한 영양소가 많이 들어 있는 슈퍼 푸드거든요.

이 곤충 파스타 덕분에 아이들이 간편하게 맛있고 균형 잡힌 식사를 할 수 있어 정말 뿌듯해요. 가끔씩 이런 파스타를 개발해 줘서 감사하다는 편지와 그림을 보내 주는 친구들이 있어요. 그럴 때마다 이 일을 하길 잘했다는 생각이 들어요. 새로운 요리를 개발할 때마다 징그러운 곤충을 만져야 하지만요.

제가 개발한 기계에서 새로운 맛의 파스타가 나와요. 이 기계를 이용하면 힘들게 반죽하지 않고도 음식을 만들 수 있어요. 원하는 재료와 조리 방법을 결정하고 기다리면 되지요. 옛날처럼 팔 아프게 반죽을 치댈 필요가 없어서 아주 편리해요. 이번 요리는 냄새가 아주 좋아요. 이탈리아식 토마토소스와 베트남식 쌀국수 향신료를 섞어 퓨전 스타일로 만들었어요. 어디 한번 맛을 볼까요?

"아이고, 짜다, 짜!"

양념 배합을 다시 해야겠어요. 아무래도 향신료를 너무 많이 넣었나 봐요. 이번에는 향신료를 약간 줄이고, 양파를 더 넣어 단맛을 추가했어

요. 귀뚜라미만으로 반죽했더니 면이 부드럽지 않네요. 누에를 10% 정도 섞으면 더욱 쫄깃해질 거예요. 바뀐 조리법을 입력하고 버튼을 눌러요. 자, 이제 새로운 비율로 배합된 파스타가 나오기만 기다리면 돼요. 이번에는 분명 맛있을 거예요.

 이처럼 여러 가지 곤충을 이용해서 맛과 향, 식감 좋은 음식을 개발하는 것이 제 일이에요. 어때요, 정말 흥미진진하겠지요?

버려진 것들에 생명을 불어넣는
바이오매스 에너지 전문가

관련 학문 생물학, 물리학, 기계 공학, 에너지 자원 공학, 전자 공학, 신소재 공학, 화학 등

바이오매스 에너지란?

바이오매스 에너지는 생물체의 분해나 발효로 발생하는 메탄가스, 에탄올, 수소 같은 연료를 말해요. 바이오매스 에너지는 화석 연료보다 훨씬 저렴하고, 지구를 오염시키는 쓰레기를 활용해 환경을 보호하니 1석 2조의 효과를 얻을 수 있답니다.

처음에는 나무, 풀, 녹조류 등 식물 자원에서만 바이오매스 에너지를 얻었어요. 하지만 지금은 볏짚, 나무껍질 같은 농업과 임업에서 생긴 쓰레기, 음식물 쓰레기, 동물의 분뇨 등도 바이오매스 에너지 자원으로 활용하지요.

바이오매스 에너지 전문가가 하는 일

바이오매스 에너지 전문가는 버려지는 물질을 재활용하여 이로운 에너지를 만든답니다. 음식물 쓰레기 안에는 수많은 미생물이 있고, 이 미생물은 많은 열과 메탄가스를 내뿜어요. 바이오매스 에너지 전문가는 공중으로 사라지는 메탄가스를 연료로 바꿔요. 또 책상이나 의자 등 가구를 만들고 남은 폐목재, 기름을 뽑고 남은 야자열매 껍질 등도 에너지로 바꾸지요. 이렇게 만든 에너지는 자동차 연료나 가정의 난방 연료로 쓰거나 발전소에서 전기를 생산할 때 연료로 사용할 수 있어요.

바이오매스 에너지 전문가는 새로운 분야를 개척해야 하기 때문에 창의력과 분석력이 필요해요. 버려지거나 잘 활용하지 않는 새로운 바이오매스 재료를 찾아야 하므로 관찰력이 뛰어나면 유리해요.

미래 직업 엿보기 — 바이오매스 에너지 전문가 장진우

긴 장화를 신고, 강에서 이끼를 만지고 있는 지금 제 모습을 보고 혹시 어부라고 생각했나요? 저는 어부가 아니에요. 전 바이오매스 에너지 전문가 장진우입니다. 저는 지금 녹조류로 전기를 만들고 있어요. 물속의 이끼로 전기를 만든다고 하니 이상하게 들리겠지만, 강이나 하천을 오염시키는 이 녹조류는 훌륭한 전기 원료랍니다. 녹조류뿐만 아니라 버려진 나무나 볏짚도 전기 원료로 쓸 수 있지요.

강에 자라는 녹조류를 어떻게 에너지 자원으로 만드냐고요? 식물은 햇빛을 받아 광합성을 해요. 이때 발생하는 에너지를 전기로 바꾸면 되지요.

강에서 일하는 것이 위험해 보이지만, 스마트 부츠만 있으면 안전해요. 스마트 부츠에 내장된 센서가 계속 물의 유속과 온도를 확인해 위험한 상황이 되면 알람을 울려 알려 줘요. 고정 장치도 매우 단단해서 쓰러지지 않게 도와주지요. 만에 하나 제가 물속에서 사고를 당하면 즉시 응급구조대에 연락하고, 자동으로 풍선처럼 부풀어서 저를 물에 떠오르게 하

지요. 사실 저는 수영을 못해서 물이 무섭지만, 스마트 부츠만 있으면 끄떡없어요. 그 덕분에 저는 연구에만 집중할 수 있지요.

노트북보다 더 큰 이 금속판은 광합성 시 발생하는 에너지를 흡수하여 전기로 바꿔 줘요. 저는 넓적하고 얇은 금속판에 녹조류를 붙이고, 녹조가 광합성을 하길 기다리면 돼요. 생각보다 간단하죠? 이렇게 생성된 전기는 금속판에 연결된 배터리에 바로바로 저장돼요.

녹조류로 만든 전기는 햇빛을 이용하므로 생산 비용이 거의 들지 않아요. 게다가 환경 오염도 없죠. 또한 아프리카같이 발전소가 부족한 곳에서도 큰 비용을 들이지 않고 아주 쉽게 전기를 만들 수 있어요. 이 금속판과 배터리만 연결하면 되니까요.

제가 초등학교에 다니던 20여 년 전만 해도 녹조류에서 전기를 만들 수 있다고 믿는 사람은 많지 않았어요. 하지만 녹조류에서 전기를 추출하는 기술이 개발되면서, 많은 곳에서 활용하고 있지요.

기술 개발 초기에는 어렵게 녹조류에서 전기를 찾아도 세포 내의 전기 저장 과정에서 많은 양이 사라져 버려 상용화하기 어려웠어요. 지금처럼 넓은 금속판도 없었고요. 수많은 과학자가 기술 개발을 위해 포기하지 않고 매달렸기 때문에 전 세계에서 인정받는 기술을 완성할 수 있었지요.

여기 강물 위로 보이는 홀로그램 화면에 현재 생산되는 전기량이 표시

되고 있어요. 액정 화면 없이도 허공이나 물 위에 정보가 생생하게 보이니, 야외에서도 다른 장비 없이 편하게 일할 수 있어요. 모든 정보를 실시간으로 화면을 통해 주고받을 수 있어서 양손이 자유롭지요. 물 위의 홀로그램 화면을 누르면 전 세계 어느 도시든 연결할 수도 있답니다.

앗, 홀로그램 화면에서 경고 메시지가 흘러나와요.

"제주도 남쪽 해안에서 북상하는 저기압의 영향으로 날씨가 점차 흐려지고, 2시간 내에 비가 올 예정입니다. 빠른 시간 안에 안전을 위해 에너지 연구를 마치세요."

녹조류 에너지는 날씨의 영향을 많이 받기 때문에 기상청 슈퍼컴퓨터에서 날씨 정보를 안내받아요. 오늘처럼 깊은 강에서 연구할 때는 특히 위험한 상황에 철저히 대비해야 해요. 만일의 사태에 대비해 이 부츠 속의 GPS 칩을 통해 제 위치가 연구소에 실시간으로 보고되도록 설정해

요청하신 택시가 도착했습니다.

두었어요.

  아, 벌써 저쪽에 자율 주행 택시가 도착했어요. 기상이 악화되어 경고 메시지가 뜨면 자동으로 택시가 호출되거든요. 아쉽지만 오늘은 이만 돌아가야겠어요. 어차피 날이 흐려서 더 이상 에너지를 얻기 힘들어요. 내일 날이 개면 다시 올게요.

죽을 권리를 지켜 주는
존엄사 관리 전문가

관련 학문 의학, 사회 복지학, 심리학, 노인학, 간호학, 상담학 등

존엄사란?

사람은 행복하게 살 권리가 있습니다. 자신이 어떻게 죽을지 선택할 권리도 있지요. 존엄사는 사람으로서 품위를 유지하면서 죽는 것입니다. 큰 병에 걸려 아무리 치료해도 더 이상 나아질 가망이 없는 사람이 존엄사를 요구하면 목숨을 유지하기 위해 행하던 연명 치료를 중단해요. 존엄사를 선택한 사람은 본인의 의지가 아닌 인공호흡기 등 기계에 의존하여 생명을 유지하는 것이 아니라 고통을 완화시키는 치료만 하며 세상과 작별하지요.

존엄사 관리 전문가가 하는 일

죽음은 되돌릴 수 없는 선택이기 때문에 존엄사 관리 전문가는 환자의 상태를 정확하게 파악해야 합니다. 치료하면 환자가 나아질 가능성은 없는지, 사망이 임박했는지 등을 자세히 관찰합니다. 무엇보다 환자 본인이 죽음을 원하고, 가족들이 동의했는지도 꼼꼼하게 확인해요.

환자의 신체적 상황과 정신적 상태를 판단하여 삶의 마지막 순간에 품위를 지키도록 도와주는 것이 존엄사 관리 전문가가 하는 가장 중요한 업무입

니다. 그렇기에 무엇보다 의학 지식이 풍부해야 합니다. 질병과 치료법도 정확히 알아야 하죠. 더불어 사망에 관련된 법적, 사회적 문제도 잘 파악하고 있어야 합니다.

미래 직업 엿보기 — 존엄사 관리 전문가 유진서

"413호 환자의 맥박과 호흡이 급격히 떨어집니다. 가족들도 모두 대기 중이에요."

"지금 갈게요. 관련 서류 준비해 줘요. 할아버지의 홀로그램 영상도."

"네."

저는 존엄사 관리 전문가 유진서예요. 엔젤 병원에서 근무하며, 회복할 가능성이 없는 환자와 가족이 연명 치료를 받는 대신 편안하고 품위 있게 죽을 수 있도록 돕지요. '연명 치료'란 회복할 가능성이 없는 환자의 목숨을 의료 장치로 유지하는 치료법입니다. 예를 들어 신체를 움직이지도 못하고 의식도 거의 없어 인공호흡기를 떼면 바로 사망하는 환자가 인공호흡기에 의존하여 숨만 쉴 수 있도록 하는 것이지요. 질병을 호전시킬 수 있는 치료는 반드시 필요합니다. 하지만 현 상태를 유지하는 것뿐인 연명 치료는 생각해 볼 필요가 있지요. 존엄사를 택하는 사람은 혼자서 아무것도 할 수 없다면, 차라리 죽음을 받아들이겠다고 생각해요. 그게 바로 인간이 죽음 앞에서 품위를 유지하는 방법이라고 여기지요.

지금 413호로 들어갑니다.

"선생님, 저희 할아버지가…… 할아버지가……."

"네…… 환자분은 이제 세상과 작별하셔야 합니다. 생전에 유언으로 남긴 영상을 함께 보시죠."

이 환자는 의식을 잃은 지 한 달이 되었어요. 암세포가 온몸으로 전이

되어 수술도 할 수 없는 상태였지요. 평소에 담배를 워낙 많이 피우셨는데, 기침이 심해져 병원에 왔을 때는 이미 암이 폐를 비롯하여 간과 신장에까지 퍼진 뒤라 손쓸 수 없었어요.

할아버지는 재작년 저희 병원에 처음 왔을 때 스스로 호흡하지 못하면 편안하게 세상을 떠나게 해 달라고 부탁했어요. 인공호흡기 착용과 그 외 연명 치료를 거부한다는 존엄사 관련 서류를 작성했고 가족들도 이에 동의했지요. 이 영상은 할아버지가 재작년에 존엄사를 신청하며 촬영한 영상이에요.

존엄사는 매우 신중하게 결정해야 해요. 사람의 목숨은 단 하나뿐이니까요. 한 번 결정을 내리면 절대 되돌릴 수 없지요. 따라서 다시 건강해질 가능성이 없는 환자에게만 시행합니다. 존엄사를 원하는 환자는 건강한 상태에서 존엄사에 대해 이해하고, '사전 연명 의료 의향서'를 작성해야 해요. 그리고 말기에 접어들면 '연명 의료 계획서'를 작성해요. 이때 환자 가족의 동의가 필수입니다. 저 같은 존엄사 관리 전문가는 정말 존엄사에 적합한 환자인지 여러 의학적 진단을 내리지요.

"맥박이 10 이하로 떨어졌습니다. 곧 임종하십니다."

"할아버지!"

"아버지!"

저는 이제 병실을 나왔어요. 이때가 존엄사 관리 전문가로 근무하며 가장 괴로운 순간입니다. 사랑하는 가족을 떠나보내는 순간은 언제나 슬퍼요. 하지만 제가 어릴 적 침대에 누워 인공호흡기에 의지해 겨우 호흡하던 할아버지를 생각하면 차라리 편안한 죽음이 낫다는 생각이 들어요. 저희 할아버지는 11년을 꼼짝없이 병원에 누워 계셨거든요. 2018년, 우리나라도 존엄사법*을 시행했어요. 그전까지는 환자가 죽기 전에 인공호흡기를 떼는 것은 법을 어기는 일이었지요.

잘 살 권리와 함께 잘 죽을 권리를 지킬 수 있도록 도와주는 제 일은 어렵지만 꼭 필요하답니다.

> **존엄사법**
> 우리나라는 2018년 2월 4일부터 연명의료결정법(일명 존엄사법)을 시행했어요. 이로써 더 이상 치료가 의미 없다는 의사의 진단, 환자 본인과 가족의 동의가 있으면 연명치료를 중단할 수 있게 되었지요. 우리나라뿐만 아니라 다른 나라에서도 존엄사와 관련한 법이 있어요. 네덜란드는 세계 최초로 존엄사를 합법화한 나라예요. 프랑스는 말기 암 환자 등에게만 제한적으로 존엄사를 허용하고 있지요.

우주를 안전하고 깨끗하게 관리하는
우주 쓰레기 관리인

관련 학문 항공 우주 공학, 천문학, 천체 물리학, 로봇 공학, 교통학 등

우주 쓰레기란?

지구인이 우주 개발을 시작하면서 우주에는 수명이 다한 인공위성, 로켓 분리 장치, 연료 탱크, 우주 비행사들이 버린 공구, 우주인의 생활 쓰레기 등이 떠돌기 시작했어요. 이렇게 우주 공간에 버려진 물체가 '우주 쓰레기'예요.

우주 쓰레기는 총알보다 빠른 속도로 우주를 떠돌아요. 우주를 떠돌던 작은 나사가 인공위성이나 우주선에 부딪히면 그것들이 망가지고 파편이 지구에 떨어질 수 있어요. 실제로 미국의 한 여성은 로켓에서 추락한 연료 탱크 파편에 맞아 어깨를 다쳤어요.

많은 나라가 우주 개발에 참여하면서 우주 쓰레기는 빠르게 늘어나고 있어요. 미국 국방부는 우주를 떠도는 10cm 이상의 우주 쓰레기를 추적하고 있는데, 2025년에는 약 3만 개 이상이 지구 궤도를 떠돌 것으로 예상합니다.

우주 쓰레기 관리인이 하는 일

우주 쓰레기 관리인은 단순히 청소만 하는 게 아니에요. 우주에 얼마나 많은 물체가 떠도는지 파악하고, 다른 우주선에 방해가 되지 않도록 쓰레기를

제거하지요.

　우주 쓰레기는 크기에 따라 없애는 방법이 달라요. 수명이 다한 인공위성같이 커다란 물체는 다른 우주선과 궤도가 겹치지 않도록 지구로 내려보냅니다. 그렇기 때문에 우주 궤도를 꿰뚫고 있어야 하고, 다른 우주선의 주행 방향도 미리 파악해야 하지요. 폐우주선도 대기권으로 보내 태우거나, 바다 한가운데로 떨어뜨려서 처리해요.

　우주선의 부품처럼 작은 물체는 직접 모으거나 레이저로 없애지요.

113

미래 직업 엿보기 - 우주 쓰레기 관리인 전주희

"11시 방향에서 지름 10cm의 조각이 다가옵니다. 약 2분 후 도착합니다."

"확인 완료! 레이저 대기 중."

안녕하세요, 저는 우주 쓰레기 관리인 전주희예요. 쓰레기를 관리하는데, 청소기와 빗자루 대신 레이저 총을 들고 있는 모습이 낯설다고요? 지구에서와 달리 우주에서는 레이저로 쓰레기를 치워요.

미국과 러시아에 이어 중국, 한국, 일본 등 여러 나라가 우주에 진출하며 우주 쓰레기가 늘어났어요. 우주 쓰레기 관리인은 버려진 위성과 고장 난 장치 등을 깨끗이 정리하는 일을 한답니다.

사람도 없는 우주에 물체가 떠다니는 게 무슨 문제냐고요? 무중력 공간에서는 물체가 총알보다 더 빠른 속도로 날아다녀요. 만약 그 물체가 우주선이나 인공위성에 부딪히면 어렵게 쏘아 올린 우주선이 망가지거나, 작업하던 우주인이 큰 부상을 입을 수 있어요.

"물체 접근 30초 전입니다. 이제 눈으로 확인 가능합니다."

"준비 완료. 조준…… 발사!"

"성공입니다. 동쪽으로 이동하면 중국 로켓이 남긴 부품 더미가 있습니다."

"알았다. 동쪽으로 간다."

방금 제가 사용한 레이저는 적외선이랍니다. 우주 쓰레기는 대부분 금속이어서 적외선 레이저로 태워 없애요. 예전에는 그물을 이용했는데 우주 쓰레기가

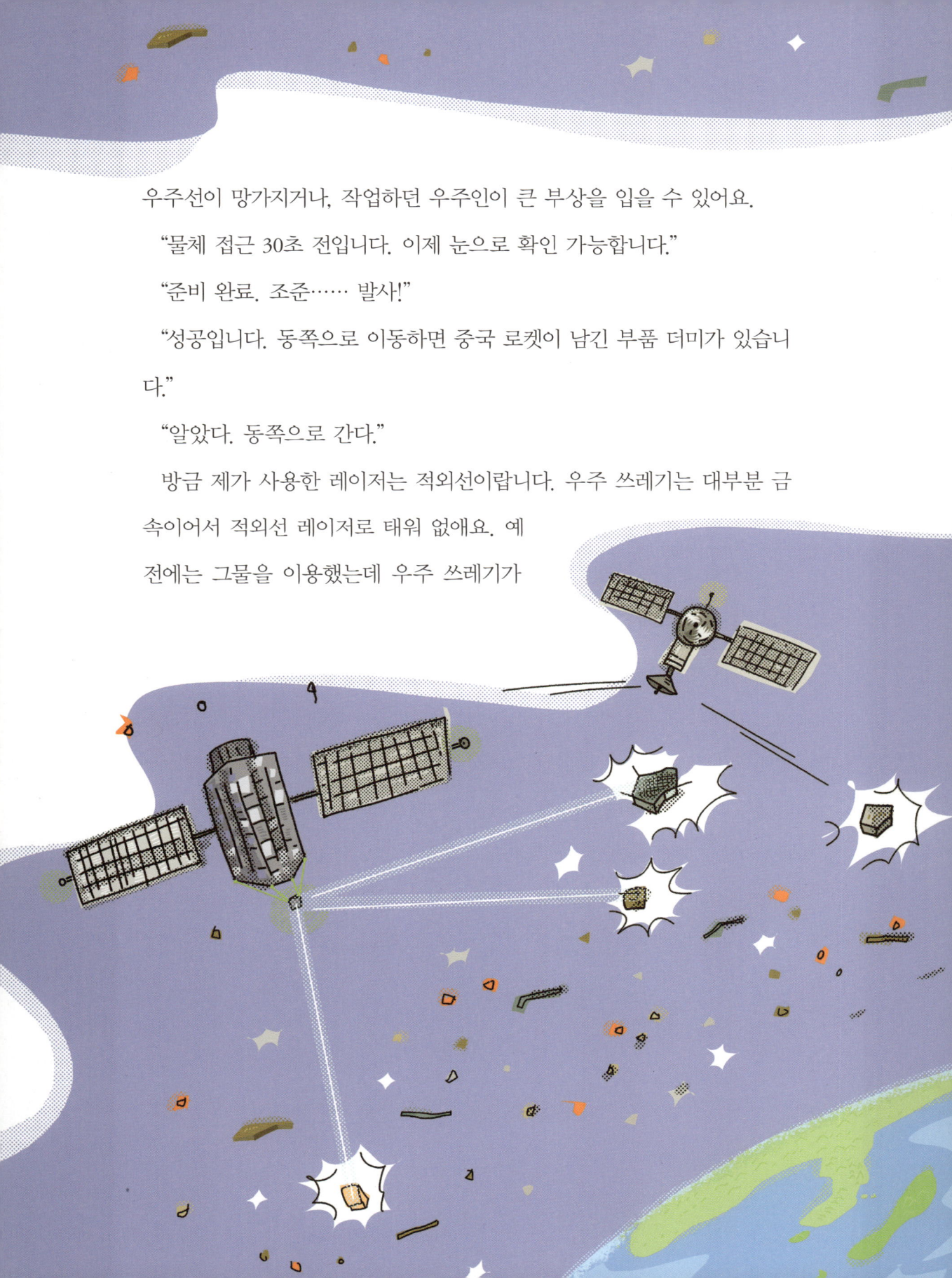

너무 빠른 속도로 움직여 잡다가 놓친 적이 한두 번이 아니었지요. 그래서 간단하고 쉽게 목표물을 명중시킬 수 있는 레이저를 사용해요. 잔해가 지구까지 떨어질 일도 없어 더 안전하지요.

저는 어렸을 때 우주에 별 관심이 없었어요. 하지만 초등학교 5학년이던 2018년, 중국의 우주 정거장 톈궁 1호가 지구로 추락하는 사건이 제 꿈을 바꿨어요. 톈궁 1호는 중국의 우주 정거장으로, 임무를 수행하다 통신과 제어 장치가 망가져 지구에서 통제할 방법이 없었지요. 고장 난 채 우주를 떠돌던 톈궁 1호는 공포의 대상이었어요. 언제, 어디로 떨어질지 정확히 알 수 없었기 때문이지요. 전 세계에 중국의 고장 난 우주 정거장 추락 위험에 대비하라는 경보가 며칠 동안 울렸어요.

많은 전문가들은 톈궁 1호가 브라질 근처에 떨어질 것으로 예상했지만 결국 남태평양 바다에 떨어졌지요. 만약 그 우주선이 내가 사는 동네에 떨어졌다면……. 어휴 상상만으로도 끔찍해요.

저는 그 후 대학에 진학해 항공 우주 공학을 전공하고 우주인 훈련을 받았어요. 힘든 체력 훈련과 여러 우주 이론을 열심히 공부한 끝에 서른이 다 되어서야 우주인의 한 분야인 우주 쓰레기 관리사가 되었어요.

위성처럼 큰 물체는 안전한 시간과 장소를 정해 지구로 추락시켜요. 지구로 진입하는 물체는 열 때문에 공중에서 타 버리기도 하지만, 톈궁 1호처럼 잔해가 남기도 해요. 따라서 태평양처럼 사람이 없는 바다에 안전하게 떨어지도록 만들죠.

　무중력 공간에서 일하는 건 힘들지만, 지구인을 안전하게 지킨다는 사명감과 보람이 저를 기쁘게 해요. 가끔 멀리 떨어져 있는 가족이 보고 싶을 때는 가족사진을 보지요. 이번 임무를 마치면 다음 달에는 집으로 돌아갈 수 있어요. 그날까지 우주에서 푸르고 아름다운 지구를 안전하게 지킬게요!

로봇과 함께 사는 사회에 꼭 필요한
기술 윤리 변호사

관련 학문 코딩, 철학, 윤리학, 법학, 기계 공학, 제어 분야 등

기술 윤리란?

4차 산업 혁명 시대에는 인공 지능 로봇이 크게 늘어나 로봇이 육체노동, 데이터 수집 업무, 서비스 업무 등 여러 분야에서 사람들과 어울려 일할 거예요.

인공 지능 로봇은 논리적이고 이성적이에요. 하지만 현실에서는 이성적 판단만으로 해결할 수 없는 상황이 발생합니다. 기술 윤리는 인공 지능과 로봇을 활용하는 분야에서 사람과 로봇, 로봇과 로봇 사이에 갈등이 발생했을 때 이를 중재하는 기준입니다.

기술 윤리는 어떤 로봇의 사용을 허가하고, 어떤 로봇의 사용을 금지해야 할지 결정합니다. 또 무조건적인 기술 개발을 막고 사람을 위협하는 지나친 인공 지능의 발전을 견제하는 역할도 합니다.

기술 윤리 변호사가 하는 일

기술 윤리 변호사는 윤리를 잣대로 사람과 로봇 사이의 충돌을 막고 시너지 효과를 낼 수 있도록 도와주는 직업이에요. 만약 자율 주행 자동차가 보행자를 쳤다면 누가 책임져야 할까요? 자율 주행 자동차 주인일까요, 아니면

기계를 만든 회사일까요? 기술 윤리 변호사는 이와 같이 사람과 로봇 사이에 일어날 수 있는 미묘한 문제를 중재합니다.

기술 윤리 변호사는 로봇에게 사람을 이해하도록 가르칩니다. 정답을 찾아 움직이고, 이분법적˚으로 사고하는 로봇 입장에서는 사람의 말이 애매하게 들립니다. 그래서 사람들의 말속에 숨겨진 의미를 로봇이 이해할 수 있게 꾸준히 가르쳐야 하지요.

기술 윤리 변호사는 마이크로소프트사가 제시한 미래 유망 직업 중 하나입니다. 인공 지능과 인간이 공존하는 시대에 꼭 필요한 직업이지요.

아직 구체적인 관련 학과나 관련 제도가 없지만, 세계 여러 나라에서 그 중요성을 인식하고 관련 제도를 만들려는 논의가 활발히 진행 중입니다.

이분법적 서로 배척되는 두 가지로 구분하는 것.

미래 직업 엿보기 — 기술 윤리 변호사 이서영

"이 로봇에 파괴 기능이 탑재되어 있나요?"

"아닙니다, 직접 시험해 보시죠."

"알겠습니다. 아이작, 저쪽에 있는 드론을 파괴해 봐. (……) 파괴하라는 명령을 실행하지 않는군요. 좋아요. 그렇다면 이 로봇이 한 번이라도 당신을 공격한 적 있나요?"

"아니요, 이 로봇은 인간의 마음을 이해하도록 프로그래밍되어 있습니다."

"좋아요. 이 로봇은 로봇 3원칙*을 잘 지키고 있네요. 판매해도 좋습니다."

저는 기술 윤리 변호사 이서영입니다. 방금 새로 개발된 로봇에 인간을 공격하는 기능이 있는지 검사했어요.

짧은 시간 동안 기술이 빠르게 발전하여 인공 지능 로봇의 성능이 우수해지자, 로봇을 두려워하는 사람들이 생겼어요. 심지어 로봇 개발을 막자는 시위가 일어나기도 했지요. 지나친 개발도 문제지만, 인간에게 도움이 되는 인공 지능 개발을 무조건 막는 일도 문제예요. 기술 윤리 변호사는 인간과 로봇이 평화롭게 지낼 수 있도록 조율해요.

제가 초등학교에 다니던 2018년, 전 세계 과학자 57명이 우리나라 KAIST에 킬러 로봇 개발을 반대한다는 항의 서한을 전달하며, 킬러 로봇 개발을 계속할 경우 함께 연구하지 않겠다고 발표했어요. 영화에서나 보던 킬러 로봇을 개발한다는 소식을 듣고 저도 깜짝 놀랐지요. 다행히 이 사건은 오해에서 비롯된 일이었고, 과학자들이 항의를 거두며 해프닝으로 끝났어요.

이 사건 이후 저는 킬러 로봇이 진짜로 만들어지지 않을까 불안했어요. 영화처럼 악당이 사람을 해치는 로봇을 마구 만들어 낼 것만 같았지요. 로봇이 인간이 좀 더 편리하게 생활하도록 돕는 건 좋지만 사람을 해칠까 봐 두려웠어요. 그래서 안전한 로봇을 만들어야겠다고 결심하고, 로봇에 대해 공부했어요. 지금은 기술 윤리 변호사로 활동하고 있지요.

로봇 회사가 경쟁적으로 기술을 개발하다 보면 파괴적이고 공격적인 로봇을 만들 수도 있어요. 저는 완성된 로봇을 검수하여 혹시라도 사회

> **아이작 아시모프의 로봇 3원칙**
> 아이작 아시모프는 SF(공상 과학) 소설가입니다. 그는 1942년 공상 과학 소설 '런 어라운드'에서 로봇이 따라야 할 세 가지 윤리 원칙을 언급했어요. 이 로봇 윤리 원칙은 단순히 책에서 끝나지 않았어요. 로봇을 제작하는 회사들이 아이작 아시모프의 로봇 3원칙을 지키며 로봇을 개발한답니다.
>
> **제1 원칙:** 로봇은 인간에게 해를 입혀서는 안 된다. 그리고 위험에 처한 인간을 모른 척해서도 안 된다.
>
> **제2 원칙:** 제1 원칙에 위배되지 않는 한, 로봇은 인간의 명령에 복종해야 한다.
>
> **제3 원칙:** 제1 원칙과 제2 원칙에 위배되지 않는 한, 로봇은 자기 자신을 지켜야 한다.

　에 위협이 될 부분이 있는지 확인합니다.

　더불어 로봇이 사람에게 피해를 입히면 어떻게 보상할지도 결정하죠. 지난주에 한 드론이 하늘에서 추락했어요. 불행히도 길을 지나던 초등학생이 이 드론에 뺨과 팔꿈치를 긁혀 병원에서 치료를 받았어요. 저는 초등학생 부모님의 의뢰로 드론의 시리얼 넘버*를 확인해 주인을 찾았어

시리얼 넘버 제품 순서에 따라 부여된 고유의 식별 번호.

요. 드론이 추락한 원인이 배터리 부족이란 사실도 밝혀냈지요. 현행법에는 배터리가 10% 이하인 드론은 운행하면 안 된다고 정해 두었어요. 법을 어긴 드론 주인은 2주간 드론 운행을 금지당했어요. 또한 제 제안으로 피해 학생에게 적절한 치료비도 보상했지요. 만약 이를 어기고 금지 기간 동안 드론을 운행하면, 드론 운전 면허를 빼앗겨요. 이처럼 사람과 로봇, 인공 지능 간에 생기는 크고 작은 사고를 조율하는 일은 기술 윤리 변호사인 제 몫입니다.

사람과 로봇이 공존하는 시대는 그리 오래되지 않았어요. 로봇에 관련한 법이 만들어진 것도 얼마 되지 않았지요. 저와 같은 기술 윤리 변호사들은 로봇 관련 법을 새로 만들기도 해요. 로봇은 우리의 친구이자 도우미지만, 자칫하면 위험하게 쓰일 수도 있어 법으로 철저히 규제할 필요가 있지요.

기술 윤리가 발달하면서 신기술 개발을 두려워하던 사람들도 많이 줄었어요. 인간을 최우선으로 하고, 정해진 원칙을 지킨다면 기술 개발을 막을 이유가 없으니까요.

스스로 운전하는 자동차를 만드는
자율 주행 자동차 엔지니어

관련 학문 자동차 공학, 기계 공학, 정보 통신학, 제어 공학, 빅 데이터 분석학, 확률 통계학 등

자율 주행 자동차란?

자율 주행 자동차는 운전자가 직접 운전하지 않고 인공 지능이 스스로 판단해 운전하는 자동차입니다. 운전자가 브레이크, 핸들, 가속 페달 등을 작동하지 않아도 자동차가 도로 상황을 파악해 자동으로 주행하는 '자율 주행' 기능이 탑재되었지요. 자율 주행 자동차는 길에서 보행자와 다른 차의 움직임을 살피고 사고 확률을 계산하여 위험 상황에 스스로 멈춰요. 차에 타는 사람은 택시를 탄 승객처럼 편하게 앉아 있으면 돼요.

자율 주행 자동차는 사람이 목적지만 입력하면 가장 빠른 길을 알아서 찾고, 주차도 합니다. 운전할 줄 모르는 사람, 운전하면 안 되는 사람은 물론 시각 장애인, 노인과 어린이 등 이동이 어려운 노약자에게 큰 도움이 되지요.

자율 주행 자동차 엔지니어가 하는 일

자율 주행 자동차에 장착된 여러 가지 센서는 운전자의 손, 눈, 귀, 발과 같은 역할을 해요. 센서가 속도, 자동차 간 간격, 날씨, 도로 상황, 보행자 위치 등 여러 정보를 수집하지요. 자율 주행 자동차 엔지니어는 민감한 센서를 인공 지능과 연결합니다. 또 갑자기 공이 굴러오거나, 앞서 가던 덤프트럭에서 모래가 쏟아지거나, 동물이 뛰어드는 등 돌발 상황에 대처할 수 있도록 종합적으로 상황을 판단하고, 문제가 발생했을 때 대처할 수 있는 프로그램을 개발합니다. 이때 차를 너무 급하게 멈추거나 방향을 바꾸면 더 큰 사고가 발생할 수 있는데, 자율 주행 자동차 엔지니어는 안전을 최우선으로 고려한 프로그램을 차에 입력하지요.

미래 직업 엿보기 — 자율 주행 자동차 엔지니어 김우찬

"나 지금 출근해."

"네, 퍼펙트 모터스 연구실로 출발합니다. 도착 예정 시간은 약 15분 후. 오늘은 미세 먼지 지수가 양호하지만, 꽃가루 알레르기 지수가 높습니다. 어깨 마사지 시행할까요? 음악은 어떤 걸로 틀까요?"

"내가 요가할 때 듣는 자연의 소리 부탁해. 어제 잠을 설쳤더니 피곤한 걸. 어깨 마사지도 해 줘."

"알겠습니다. 잠시 눈을 감고 마사지를 즐기세요."

저는 늘 자율 주행 자동차 '리틀포니'를 타고 출근해요. 오늘은 컨디션이 좋지 않아 어깨 마사지를 받으며 출근하고 있어요. 자율 주행 자동차가 생기기 전에는 꽉 막히는 도로 위에 옴짝달싹 못 한 채 앉아 있느라 피곤했지요. 지금은 운전 시간이 편안히 쉴 수 있는 휴식 시간으로 변했어요. 차 안에서 마사지를 받거나, 영화를 보고, 게임을 하거나, 식사를 하지요. 자율 주행 자동차 센서가 운전자를 대신해 상황을 판단하고 운전하니까요.

처음부터 자율 주행 자동차가 안전한 것은 아니었어요. 제가 초등학교 4학년이던 2018년, 해외에서는 한 운전자가 자율 주행 기능을 켜고 달리던 중 사고가 나 사망했죠. 비슷한 시기에 자율 주행 자동차 때문에 보행자가 사망한 사건도 일어났어요. 이때는 자율 주행 자동차가 사람이 운전하는 것보다 위험하다며 반대하는 여론도 많았답니다.

하지만 저는 자율 주행 자동차를 꼭 타고 싶었어요. 저희 부모님은 운전을 좋아하지 않으셔서 여행을 귀찮아하셨죠. 경치 좋은 곳에 가고 싶어도 운전하기 싫어 포기할 정도였어요. 그때마다 저는 자율 주행 자동차가 상용화되길 간절히 바랐어요. 자율 주행 자동차가 있으면 직접 운전하지 않아도 돼 온 가족이 전국 어디든 여행을 갈 수 있을 테니까요.

그 마음을 간직한 채 열심히 공부하다 보니 저는 자율 주행 자동차 연구원이 되었어요. 최근에는 자율 주행 자동차의 안전을 위한 센서를 연구하고 있지요.

맨 처음 만들어진 자율 주행 자동차는 카메라만을 이용했어요. 그 방식은 무척 위험했지요. 카메라가 작동하지 않을 경우 큰 사고가 날 수 있으니까요. 그래서 카메라는 물론 초음파, 레이저 등 여러 가지 센서를 동시에 가동하는 '라이다'라는 중요 부품을 개발했어요. 라이다는 빛이나 레이저를 쏜 뒤, 반사되어 돌아오는 신호를 분석하여 장애물이 다가오는 속도와 방향을 예측해요. 라이다는 이 기술을 이용하여 차에 눈이 달린 것처럼 주변을 정확히 확인하지요.

차를 운전하다 보면 위험한 돌발 상황이 생길 수 있어요. 이때 차에 달린 센서들은 안전을 고려하여 반응해요. 골목에서 튀어나오는 어린이, 도로로 달려드는 동물, 무단 횡단하는 사람, 갑자기 일어나는 산사태 등 어떠한 돌발 상황에서도 안전을 최우선으로 반응하지요.

자율 주행 자동차 덕분에 음주 운전과 졸음운전이 사라졌어요. 우리나라는 물론 전 세계적으로 교통사고 사망자도 많이 줄었지요. 우리나라는 OECD(경제 협력 개발 기구) 회원국 중 교통사고 사망률 1위라는 불명예에서도 벗어났어요.

저는 교통사고로 희생되는 사람이 없기를 바라며 라이다 센서를 연구

했어요. 하지만 안타깝게도 아직까지 모든 나라에서 자율 주행 자동차를 사용할 수 있는 건 아니에요. 저는 이 세상 모든 자동차가 스스로 운전하는 그날을 위해 오늘도 열심히 연구할 거예요. 우아, 벌써 회사에 도착했어요.

"퍼펙트 모터스에 도착했습니다. 안전하게 주차할 테니 들어가세요. 퇴근길에는 더욱 편안하게 모시겠습니다."

"좋아, 리틀포니. 오늘 마사지는 정말 최고였어."

생각으로 로봇을 움직이는
뇌-컴퓨터 연결 과학자

관련 학문 의학, 뇌 과학, 통신학, 전기 전자 공학, 물리학, 통계학 등

뇌-컴퓨터 연결이란?

우리가 생각을 하면 뇌에서는 전기 신호인 파동이 나옵니다. 이것을 '뇌파'라고 하지요. 뇌파는 눈, 팔, 다리 등 신체에 신호를 보내 우리 몸을 움직여요. 뇌-컴퓨터 연결(Brain-Computer Interface, BCI)은 뇌가 신호를 보내 우리 몸을 자유자재로 움직이듯이, 인간이 생각만으로 물체를 움직이는 기술입니다. 인간의 뇌파를 컴퓨터에 직접 연결하는 것이지요. 이 기술을 이용하면 사용자의 생각이 특정 뇌파를 통해 시스템 센서로 전달되어 컴퓨터에서 해당 명령을 실행합니다. 말하거나 몸을 움직이지 않아도 로봇, 스마트폰을 마음대로 조종할 수 있지요.

뇌-컴퓨터 연결 과학자가 하는 일

인간의 신체 중 가장 복잡한 뇌에서 나오는 전기 신호를 정확히 파악해 컴퓨터에 연결하는 일이 뇌-컴퓨터 연결 과학자의 가장 중요한 임무입니다. 뇌파를 잡기 위해 인간의 뇌에 직접 칩을 넣거나 특수한 장치를 머리에 씌워요. 그리고 뇌에서 보내는 신호를 컴퓨터에 보내 분석한 다음 명령을 실행하도록 돕지요.

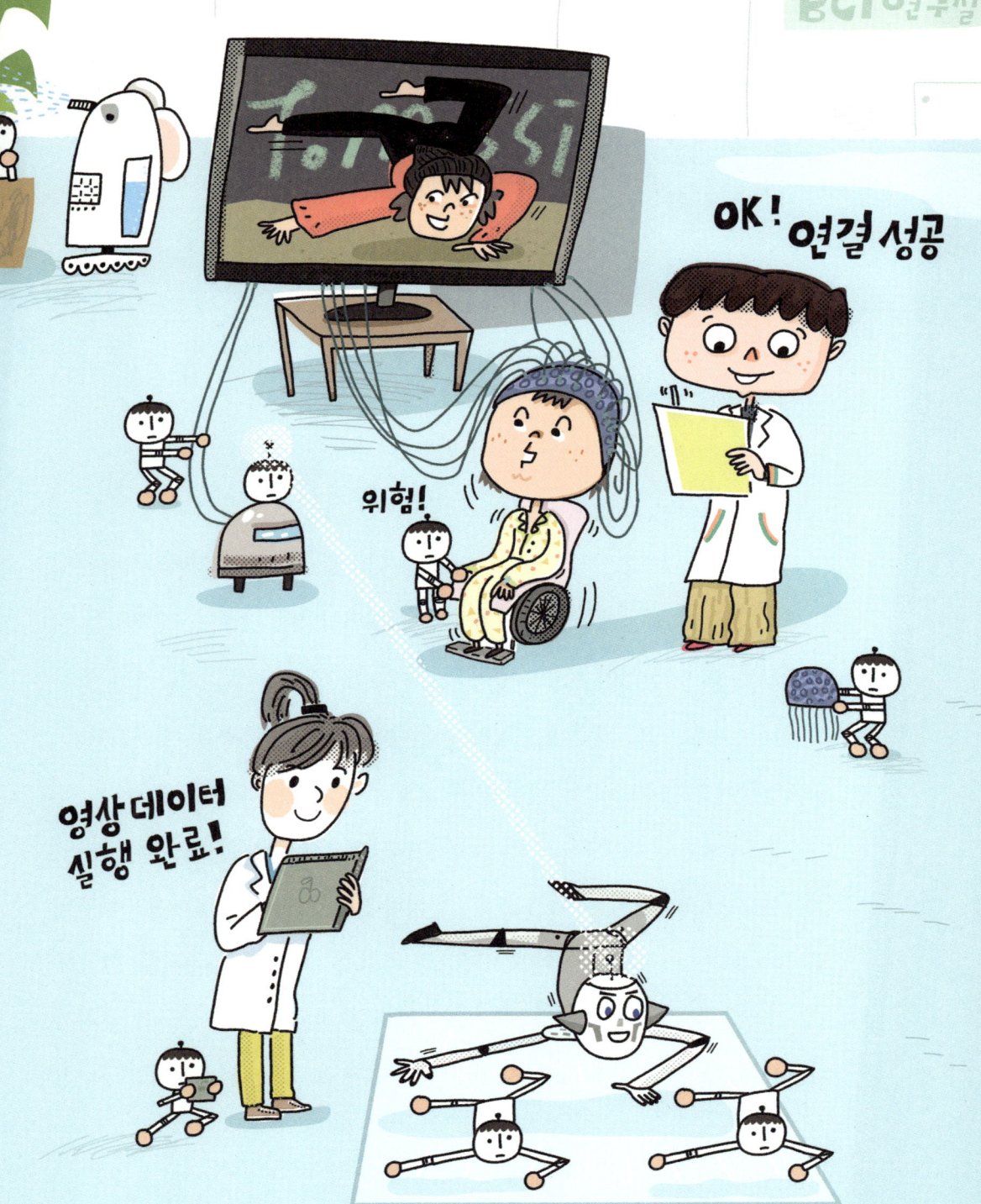

미래 직업 엿보기 — 뇌-컴퓨터 연결 과학자 유채민

"선우야, 다리 아프니?"

"네, 갑자기 많이 걸으니 힘들어요."

"그럼 잠깐만 쉬자. 그동안 게임하고 있어."

"와, 유 박사님 고맙습니다!"

선우는 게임을 좋아해서 제가 게임을 허락할 때 제일 기뻐해요. 안녕하세요, 저는 뇌-컴퓨터 연결 과학자 유채민입니다. 선우는 얼마 전 교통사고로 척추 신경이 마비되었어요. 뇌의 명령을 다리로 전달하지 못하니 걸을 수 없지요. 그런데 어떻게 걷느냐고요? 제가 선우의 뇌에 컴퓨터를 연결하여 자극을 주기 때문입니다.

뇌는 뇌파로 우리 몸 곳곳에 신호를 보내요. 하지만 선우는 그 기능이 망가져 지금 쓰고 있는 모자를 통해 뇌파를 컴퓨터로 전달해요. 선우의 모자는 보통 모자가 아니에요. 뇌파의 흐름을 포착해 컴퓨터에 전달하고, 컴퓨터의 메시지를 뇌에 전달하는 모자랍니다. 허리에서 끊겨 다리까지 전달되지 못하는 뇌파를 모자가 컴퓨터에 보내고, 컴퓨터가 다시 신호를 연결하면 방금처럼 걸을 수 있어요.

　제가 초등학교를 다닐 때 할머니가 갑자기 쓰러지셨어요. 뇌졸중이라는 병이었지요. 뇌 속의 작은 혈관이 터졌고, 그 혈관 때문에 뇌 전체가 잠들어 버리는 무서운 병이었어요. 5년 넘게 병원에 누워 계시던 할머니는 끝내 저를 알아보지 못하고 돌아가셨어요. 팔다리가 아프면 쉽게 고치지만, 뇌는 고치기 어렵다며 의사들도 별다른 치료를 하지 못했어요. 저는 다시는 우리 할머니처럼 뇌졸중으로 고통받는 사람이 생기지 않길

바랐어요. 그래서 다친 뇌를 전기 자극으로 되살리는 뇌-컴퓨터 연결 과학자가 되었어요.

　뇌는 우리 몸을 조종하는 중앙 컴퓨터예요. 만약 뇌의 어떤 부분이 고장 나면 몸은 아무 일도 못 해요. 뇌는 매우 복잡해서 수술하기 위험해요. 저는 뇌 수술 대신 전극이 달린 모자를 통해 뇌의 메시지를 몸에 보내요. 스티븐 호킹*이 살아 있었다면 이 모자를 통해 우리와 쉽게 대화할 수 있었을 거예요.

　반대로 컴퓨터에 입력한 메시지를 뇌에 전달하는 일도 할 수 있어요. 치매에 걸린 사람에게 필요한 치료법이지요. 치매에 걸리면 뇌는 점점 기억을 잃고, 나중에는 자신이 누구인지도 몰라요. 이 모자는 미세한 전기를 내보내 뇌에 자극을 줘서 기억을 되살려요. 우리 할머니처럼 뇌졸중에 걸려도 망가진 혈관 근처에 꾸준히 전기 신호를 공급하면 서서히 좋아질 수 있지요.

　선우는 처음 만났을 때 절망에 빠져 울기만 했어요. 하지만 지금은 다시 걸을 수 있다는 희망에 차서 힘든 재활 훈련도 잘 이겨 내지요. 누군가에게 희망을 주는 제 모습을 할머니도 지켜보고 계시겠지요?

　"박사님, 저 걷기 연습 또 할래요."

　"벌써 다 쉰 거야? 게임 벌써 끝났니?"

스티븐 호킹
천재적인 물리학자로, 블랙홀과 우주에 관한 다양한 연구를 했어요. 스물한 살 때 몸속의 운동 신경이 파괴되는 루게릭 병에 걸렸지만, 휠체어와 손가락, 눈썹의 움직임을 인지해서 글을 써 주는 특수 장치 덕분에 계속해서 연구를 할 수 있었어요.

"게임보다 야구가 더 좋아요. 빨리 회복해서 친구들과 다시 야구 경기를 하고 싶어요."

"좋았어, 재활 치료를 잘 마치면 금방 운동장에 설 수 있을 거야. 자, 가자!"